ひたすら読む
エコノミクス

伊藤秀史

READ ME 1ST

有斐閣

目　次

第1章　経済学を知っていますか？　　1

はじめに (2)
1　経済学のふたつの顔——考える「対象」と「文法」(4)
2　思考のための「文法」としての経済学 (10)
3　本書のロードマップ (16)
4　本書を閉じるか，次の章に進む前に (19)

第2章　「スマート」に決める原則　　21
ひとりの意思決定

1　自分で決めるのに実は複雑!? (22)
2　決めることはあきらめること——トレードオフ (26)
3　意思決定の落とし穴，その1——機会費用 (30)
4　意思決定の落とし穴，その2——サンクコスト (32)
5　「もう1杯!!」を考える——限界分析 (34)
6　いろいろな「費用」(39)

第3章　駆け引きのなかで決める原則　　43
ゲーム理論超入門

1　向こうから自転車が来たら… (44)
2　「神の手」か「相手の意思」か——ふたつの不確実性 (45)
3　人はひとりでは生きられない——ゲーム理論が扱う状況 (46)
4　自転車ですれ違うケース——コーディネーションが重要 (48)
5　デートの主導権はどっち？——利害が絡むコーディネーション (52)
6　相手の行動を予想できる？——確信ゲーム (54)
7　我慢強さが勝負のカギ——チキン・ゲーム (57)
8　最善の結果は実現できない？——囚人のジレンマ (60)
9　ゲームは変えられる！ (64)
10　先読みでゲームを変える (67)
11　自分を縛ることでゲームを変える——コミットメント (70)

第4章 多数の意図が交差する場所　　　　　　　　　75
　　　　　　　　　　　　　　　　　　　市場の成功と失敗

1　大勢が参加する「市場」(76)
2　いくらならラーメンを食べる？——個人の留保価格(77)
3　払えるお金は人それぞれ——市場での需要を探る(79)
4　売手が買手を独り占めできる場合(83)
5　どうやって販売価格を決めるか——利潤と費用と需要量の関係(85)
6　消費者の好みによって価格を変える——価格差別(87)
7　多数の人々が取引に参加する世界——市場と均衡(91)
8　本当に均衡にたどり着くの？——市場メカニズムの実験(95)
9　市場はなぜよいのか？(98)
10　でも市場は絶対ではない(100)

第5章 現実世界は霧のなか!?　　　　　　　　　　105
　　　　　　　　　　　　　　　　　　　　不確実性と情報

1　情報が重要！——霧のなかでの意思決定(106)
2　リスクは回避したいもの？(108)
3　チャレンジは人それぞれ——リスクを金額で評価する(112)
4　金額以外でもリスクは評価できる！——期待効用で考える(115)
5　誰がリスクを負担するか？——リスク分担(121)

第6章 サボりの誘惑に打ち勝つ　　　　　　　　　125
　　　　　　　　　　　　　　　モラルハザードとインセンティブ設計

1　ある年の流行語(126)
2　さまざまなモラルハザード(128)
3　モラルハザードは「倫理の欠如」じゃない(130)
4　利害の不一致が問題を生み出す(133)
5　「隠された行動」への3つの対処法(135)
6　業績連動報酬の問題点(139)
7　大切なのはお金だけじゃない(145)

第7章 真実を引き出す　　　　　　　　　　　　　147
　　　　　　　　　　　　　　　　逆淘汰とインセンティブ設計

1　優良顧客が減っていく…(148)
2　消える取引、消さない工夫(150)

3　情報の偏りは必然（152）
  4　情報を隠して交渉に勝つ（155）
  5　口先だけでは伝わらない——シグナリング（159）
  6　決定をゆだねて，情報を引き出す——スクリーニング（167）

第8章　見えざる手は創れるか？　171
マーケット・デザイン

  1　市場は絶対ではない（172）
  2　本当の評価をつきとめる仕組み——オークション（173）
  3　4つのオークション方式（177）
  4　自分がもっとも得をする入札戦略（181）
  5　オークション方式の決め方（190）
  6　出し抜き合戦による市場の失敗への対策——マッチング（193）
  7　キーワードは安定性——みんなが納得するマッチング（197）
  8　マーケット・デザインが現実を変える！（202）

第9章　思惑の衝突を超えて　207
組織デザイン

  1　市場を介さない取引——ブラックボックスを開けてみよう（208）
  2　権限関係のデザイン——分権か集権か？（210）
  3　組織内のコミュニケーションは難しい——それぞれの思惑と情報伝達（213）
  4　組織内の調整も難しい——コーディネーション問題（216）
  5　ちゃぶ台返しはヤル気を挫く!?——権限委譲とコミットメント（217）
  6　任せた後で起こること——エージェンシー問題，再び（220）
  7　市場も組織も一筋縄ではいかない——企業の境界（222）

まとめとオマケとあとがきと　229
  ま と め（229）
  オ マ ケ（235）
  あ と が き（243）

索　引　245

【注　意】

　本書は，内容をひたすら読むことに集中してもらうために，本文中に正確な引用元などを記していません．しかし，巻末の「オマケ」に引用元や参考文献を掲載しており，以下のような本のマーク，

が本文中に付いていて，その部分と対応する文献が掲げられていますので参照してください．ただし，本書の性格上，参照した文献や記事をすべて掲げているわけではありません．また，一部の古典的業績を除いて，原典よりもむしろ解説論文を紹介するようにしています．

カバーイラスト／章扉イラスト：有留ハルカ

本書のコピー，スキャン，デジタル化等の無断複製は著作権法上での例外を除き禁じられています．本書を代行業者等の第三者に依頼してスキャンやデジタル化することは，たとえ個人や家庭内での利用でも著作権法違反です．

第 1 章

経済学を知っていますか？

はじめに

　本書を手に取ったあなた。おそらく経済学を勉強したい，理解したい，または，そこまで確固たる意思はないけれど，経済学に興味があって手に取ってくれたのだと推察します。ようこそ！と歓迎すると同時にお断りしておかなければならないのですが，この本で経済学（入門レベルでさえ！）をマスターできるとは思わないでください。ちゃんとした先生の授業や教科書で勉強することが不可欠です。

　ひょっとしたら，あなたはそんな授業や教科書と格闘してあきらめた経験があるのかもしれませんね。経済学の授業や教科書は図表やグラフであふれています。入門レベルでも数学が登場する場面が少なくありません。経済学に対してあらかじめ持っていたイメージとあまりにかけ離れた抽象的な内容に戸惑う学生さんは，経済学部でも少なくありません。

　他学部，とりわけ商学部，経営学部，法学部など他の社会科学系学部でも経済学の授業は提供されますが，「なんでこんな学問を勉強しなきゃいけないのさ」と，そもそも勉強するモチベーションがわからない学生さんもいるようです。本書の著者で，現在では「経済学者」に分類されている僕自身，実は商学部経営学科の出身で，卒業後そのまま同じ学科の大学院に進学し，留学して米国のビジネス・スクール（経営大学院）で博士号を取得しました。経済学部や経済学研究科大学院で教育を受けたことはありません。

　本書はそんな皆さんをちょっとだけ手助けするための本です（苦労していない人は授業や教科書でバリバリ学んでください。ただし

「数学を使わないと経済学を理解できない」と思っている人は、もう少し先まで読んでください)。図表もグラフもまったく登場しませんし、ちょっとだけ出てくる数式も四則演算を使った数値計算だけです。ともかく「ひたすら読んで」もらうために文章だけで構成されています。このようなスタイルの経済学の一般向けの本も、翻訳ものを中心に多数存在します。それらの大部分がさまざまな経済現象を紹介して、データ等を駆使してその謎解きをするような構成になっているのとは対照的に、本書は基本的には経済学の授業や教科書の構成にしたがっています。授業や教科書と格闘する皆さんにとって、勉強するモチベーションを上げる副読本となることをめざしています。だから繰り返しになりますが、授業や教科書でちゃんと勉強してください。本書はあくまで副教材として用いられることによってのみ、威力を発揮するのです。ちなみに僕は入門レベルの授業で、本書を事前に読んでもらってから、その内容をもう少し厳密に、図表や数式を用いて講義しています。

この第1章では、まず本書の導入として、経済学を学ぶことがなぜ難しいのか、経済学を学ぶことでどういう見返りがあるのか、ということをお話しして、できるだけ多くの読者の皆さんに「先の章に進んで読んでみよう」という意欲を持ってもらいたいと思います。本書の全体像も案内します。ということで、この本を手に取ったあなた、本書を読み進めるかどうかを判断する前に、どうかこの章の最後まで目を通してみてください。

本書が主に対象としているのは、経済学の学習に苦労している読者の皆さんですが、たまたま本書を手に取ったあなたが、苦労はしていないけれど「入門書の説明はまどろっこしい」「数式にしてくれないとわからん」という人の場合にも、本書を閉じるの

はもうちょっと待ってください。そのような読者の皆さんには、経済学イコール数学ではなく、とことんコトバで語ることも大切ですよ、ということを本書を通して伝えたいと考えているからです。

1 経済学のふたつの顔
考える「対象」と「文法」

多くの人にとって経済学は、なかなかつかみどころのない学問のようです。いろいろな批判を受けたり、誤解されたり敬遠されたりしがちなのも、経済学がどんな学問なのかがわかりにくいところに原因がありそうです。わかりにくい最大の理由は、経済学がふたつの「顔」を持っているところにあるんじゃないかと思います。研究の「対象」としての顔と、思考のための「文法」としての顔です。さらに「対象」としての顔にもふたつのレベルがあって、これもわかりにくさを助長しているかもしれません。

経済学が研究する「対象」として皆さんがイメージするのは、新聞の経済欄や『日本経済新聞』がカバーする、いわば「経済」でしょうか。「これが経済です。皆さん自由に触ってください」というものが身近に置いてあるわけではありませんが、少し考えれば、日常生活の身近なところに皆さんがイメージする経済学の対象はいくらでもみつかるでしょう。景気、失業、税金、規制、貿易、円高円安等々…。

でも、これらの用語解説が経済学ってわけではありません。「そうじゃないことくらいわかってる」といわれそうですが、「経済学入門」の教科書や授業の内容が、すぐにイメージされる対象からかけ離れている（ようにみえる）ことで、まず戸惑う学生さ

んたちも少なくないと思います。すぐにイメージされる対象の多くは、国家の経済全体や国際経済という「マクロ」なレベルの問題で、「マクロ経済学」が対象とする現象です。対象が大きいですから、どのように決まるのか、どのような結果が待っているのかを理解することは、当然複雑で難しいものです。今起こっている経済現象をどのように理解するかについて、経済学者間で対立することさえあります。

　一方、経済のもっと小さな構成単位を分析する経済学の分野があります。「ミクロ経済学」と呼ばれるものです。読者の皆さん(家計という呼び方をすることが多い)が買手としてどのように消費の決定を行うのか、会社(企業)が売手としてどのように生産の決定を行うのかを考えます。逆に皆さんが売手、会社が買手になることもあります。バイトや正社員として会社に勤めて「労働」を提供する場合がそうです。会社間でも一方の会社が売手、他方の会社が買手となって、多くの取引が行われています。これらの売手、買手がどのように決定を行うのか、そして売手と買手の間の取引が「市場」で行われて、どのような相互作用で価格が決まるのか、結果として成立する取引関係はどのくらい望ましいものなのかなどが、ミクロ経済学の教科書や授業によって必ずカバーされることです。

　家計、企業、市場などは経済の基本的な構成単位でもありますから、大きな対象を分析するマクロ経済学に基礎を与える役割もあります。つまり、そのままでは経済全体を理解することが難しいので、できるだけ小さな構成単位からスタートして、より大きな部分の理解へとつなげていこうとするわけです。そういうこともあって、「経済学入門」ではミクロ経済学の割合が相対的に大

きくなってきます。本書ももっぱらミクロ経済学が対象とするものを扱っています。

こういうふうに対象を規定すると、商学部、経営学部、法学部など、他の社会科学系学部で勉強する学問とは対象が違いそうです。たとえば経営学は、基本的には会社の経営（マネジメント）、より具体的には、経営戦略、組織、研究開発、人事、会計、マーケティング、財務など会社の経営のさまざまな職能・機能を研究対象としています。経済学でも会社は企業という名称で登場しますが、皆さんが勉強し始めの頃に目にする内容では、企業は市場の構成要員でしかなく、資金や労働力などのさまざまなインプットを放り込むと、アウトプットとして製品やサービスを生み出す機械のようなものとして扱われています。そのなかで経営者・従業員がどのようにかかわりあってインプットからアウトプットへの変換を行っているのかは、まったく記述されません。このことから、かつては「経済学における企業はブラックボックス（中身が外から見えない装置のようなもの）だ」などと揶揄されていたものです。いいかえれば経営（マネジメント）は、経済学においては一切言及されていなかったわけです。

また別の見方をすれば、この企業という機械が非常に優秀な経営を行っているとみなされていた、ともいえます。なぜならば、伝統的な経済学における企業は、常に最小費用で最大利潤を達成するものとして登場するからです。そのような、何らかの意味で「理想的」な状態が、どのようなマネジメントによって成し遂げられているのかについては語らずにです。要するに、経済学における企業とは単なるひとりの決定主体としてとらえられており、個々に意思決定をする人々の集まり、すなわち組織としての側面

は扱われていませんでした。

　以上は，おおまかにいって1980年代以前のミクロ経済学です。早々に研究者であることをやめてしまった経済学者，「エコノミスト」と称するテレビなどで登場するコメンテーター，そして現代の経済学に疎い他分野の研究者のなかには，経済学というと上記のような「対象」としての姿ばかりを想像して，いまだに皆さんに語る人がいるかもしれません。経営学部や商学部の一部の授業は，古い経済学の批判から始めちゃったりします。

　しかし経済学は常に進化し，現代の経済学は研究対象をもっと広げています。会社については，その内側の組織を分析する研究が1980年代以降大きく進展しました。いわゆる「組織の経済学」という分野です（実は僕の専門分野です）。法律を経済学的に分析する「法と経済学」は，多くの米国ロースクール（法科大学院）の教育プログラムに取り入れられ，実際の裁判所の判断や法整備においても利用されています。大学の講義科目や書店でみかける本も，「国際経済学」「公共経済学」「労働経済学」といった伝統的なタイトルのみならず，「教育の経済学」「人事の経済学」「戦略の経済学」「流通の経済分析」「政治の経済分析」「家族の経済学」「慣習と規範の経済学」「環境の経済分析」「プロ野球の経済学」，さらには「パチンコの経済学」や「大相撲の経済学」などといったものまで目にするようになってきました。分析対象の広がりとともに「○×△の経済学」「○×△の経済分析」という呼び方が増殖し続けているのです。

　そこで経済学のもうひとつの顔，思考のための「文法」としての顔です。経済学者の猪木武徳氏は，『経済セミナー』誌のイン

タビューで,「経済学とはどういう学問であるか」という問いに対して次のように答えています。

> 私は社会的な現象を「筋道を立てて」理解するための「文法」だと考えています。言語の問題になぞらえるならば,経済学は文法の学習であって,合理的,非合理的双方の側面を持つ人間の行動,人間の集合としての社会現象を,いかに一種の定理や法則として理解するかということだと思います。

そもそも社会科学とは,人間の行動を理解するための学問です。米国の『*New Yorker*』という一般向け雑誌に,父親が子どもに向かって次のように話している一コマ漫画が掲載されたことがあります。

> 私は社会科学者だ,マイケル。だから電気だとかを説明することはできないけど,もしもおまえが人間について知りたいことがあれば,私が役に立つぞ。

経済学も人間の行動にかんする科学であり,人間の行動の分析に際して特定の「文法」を持つ学問としての顔を持っているのです。とりわけ経済学は,すごく重要な意思決定問題に直面して,選択を迫られている人間の行動の分析に威力を発揮します。会社の生産計画の決定は当然大きな意思決定問題です。皆さんの一消費者としての行動でも,口座残高がお寒い状況で,バイト代や仕送りの入金までうまくやりくりしなければならないときには,(無意識に)経済学的な思考を実践していたりします。さらに,試験前にどのように時間を使うかという意思決定,人生に大きな影

響を及ぼすかもしれない卒業後の進路の選択の分析にも適用可能なのです。

この点で対比されるべきなのは経営学や法学ではなく、むしろ社会学や心理学で、社会学や心理学はそれぞれ異なった思考のための「文法」で人間行動を分析する学問です。これらの学問は、欧米の大学ではディシプリン (discipline) と呼ばれています。英和辞書によると「学問の一分野」「専門分野」「研究分野」などとありますが、ちょっと違うような気がします。経営学や法学は主に分析対象で定義されており、それら自体はディシプリンではないからです（独自の体系を持つディシプリンだ、と主張する経営学者がいるかもしれませんけど、基本的にはマイナーな変種のようなものです）。ディシプリンは分析対象から切り離すことが可能な学問なんですね。経営学者はそれぞれ、特定のディシプリン（社会学とか心理学が主流で、経済学はマイナーですが）を自身の主要な「文法」として身につけて、研究を行っているという関係になります。

ということで、経済学に「対象」と「文法」のふたつの顔があること、さらに「対象」にも皆さんがイメージを持ちやすいマクロ経済学の対象と、「経済学入門」でカバーされる、もっと小さな構成単位を扱うミクロ経済学の対象とがあることを紹介しました。すぐにイメージされる「経済」を「対象」としていると思っていたのに、なんだかもっと細かい人間の決断や抽象的な「市場」の機能を独特の「文法」で分析している…。この一般的な感覚との「ズレ」が経済学を難しくしているんじゃないでしょうか。「文法」のお勉強って、いかにも無味乾燥で難しそうにみえますよね。でも、「文法」を学習するということの見返りが大き

いことも期待してほしいんです。次に，思考のための「文法」としての経済学の特色を説明することにしましょう。

2 思考のための「文法」としての経済学

日常の英会話に困らないレベルに到達するためには，教科書を用いて「座学」で英文法を学ぶよりも，ひたすら繰り返し英語を使うことを実践する方が近道かもしれません。しかし，英文法を学ばずにまともに英語を読み書きできるようになることは難しいでしょう。経済学を「文法の学習」と的確に表現した猪木武徳氏も，経済学を理解しているからといって，まともな政策提言ができるとは限らないし，すぐに社会の変革ができるわけではない，といっています。さらに彼は次のように書いています。

> しかし経済学を知っていると，少なくとも多くの誤りを避けることはできます。こういうことをすれば，直接的にはこういう事態が起こる，しかしまたその結果が原因となり，別の結果をもたらす，そして結局どういうことが最終的に生じうるのか，そういう複雑な相互依存関係を，経済学はひとつの基本枠組み，つまり，概念とモデルを用いて思考実験として推論できるのです。

不振に陥った会社や事業の再生にかかわる企業再生のプロである三枝匡氏（現在ミスミグループ本社 CEO）も，会社での仕事にかんして同様のことを書いています。

> 私がミスミ社内で開く戦略研修講座では，冒頭でいきなり「いく

ら勉強したって，あなたたちは結局同じドジを踏む」と言います。特に他人の失敗話なんか，ほとんど役に立ちません。自分でやってみれば，やはり同じような失敗をするんです。だったら勉強する意味はないのかと言えばそうではありません。すでに勉強を済ませている人は，ドジを踏んだときに，「この失敗は，以前に自分が座学で学んだこととおなじではないか」と気づいて愕然とします……この時点で過去の学びはようやく，身に染みた自戒と因果律データベースに変わるのです。しかし勉強したことのない人にはこの照合が起きない。だから，見かけは違っても根っこのおなじ失敗をまた繰り返す……いくら年を取っても勉強と青臭さは必要なんです。

ここで指摘される「座学」の効果は，経済学に限らず他の社会科学にも当てはまるでしょう。では，思考のための「文法」としての経済学の特色は何でしょうか。

すでにふれたように，経済学は重要な意思決定問題に直面して，選択に迫られている人間の行動の分析を出発点にしています。そしてこの部分で経済学は良くも悪くも頑固で首尾一貫して，人間の行動の背後には何らかの「意図」があると仮定します。いいかえれば，明確な目的を持って，その目的をできる限り達成する選択をしようとする個人を考えるということです。そのような選択は**合理的**（rational）意思決定と呼ばれます。「合理的」というコトバは日常会話でも使われますが，経済学では特定の意味で使っています。もう少し正確な意味は第2章で説明しますが，ここで強調しておきたいのは「なぜそのような選択をするのかを論理的に説明できる」決定，というくらいの意味です。

もちろん，常に理想的な選択ができるスーパーマン／スーパー

ウーマンを扱っているのではありません。知識や情報がない,他人や社会の決まりなどのしがらみがある,情報の処理や計算能力に限界があるなどの制約によって,理想的な選択が成し遂げられない場合もある生身の人間を考えています。しかしそれでも,さまざまな制約の範囲内で,できる限り目的を達成しようとする人間を考える,という点で経済学は首尾一貫しているのです。皆さんの日常生活を振り返ってみても,口座残高がお寒くなれば,当然損得勘定に走ります。バイトや仕送りの入金まで生き延びるという目的のためにね。また,明確な目的はお金にかかわることでなくてもいいのです。生涯所得を最大にすることを目的として就活する学生さんのみを分析する学問ではなく,主観的な「やりがい」を重視する学生さんでもいいのです。経済学は決して,お金儲けのための学問ではないのです。本書のなかでも,お金が関係しないお話が登場することがあります。乞うご期待!

経済学の「文法」の第2の特色は,「モデル分析」という手法にあります。モデルを直訳すれば模型ということになります。ある現実問題のモデルとは,研究対象となる複雑な現実の問題を分析のために単純化して描写した,スナップショットのようなものです。というと,「模型と現実は違う」と突っ込まれそうですが,「現実は複雑」といっているだけでは理解は進みません。逆に複雑な現実そのままではモデルの意味はなく,単純化することがモデルの本質なのです。複雑な現実から枝葉末節を取り除き,その問題の本質的な部分を切り取ることで単純化するわけです。それによって,自分が本当に分析をしたい部分に光を当てて,ものごとの本質をみていくのです。もちろん,一方向から光を当てるだけでは本質を見抜くことができないかもしれません。いくつも

のモデルを用いて，さまざまな角度から検討していくことによって，複雑な現実への理解が深まっていくのです。

たとえば大学生の皆さんは，科目の履修方法や単位の説明，卒業要件などが記載された分厚い冊子を学期のはじめに受け取るでしょう。最近では冊子そのものは配布されず，ウェブ上にアップされているかもしれません。ひとつの学期の履修科目を決めるという問題のためにはその大部分は枝葉末節です。そこで，まずその学期に取得する単位数の見当をつけて，重要な部分のみをマーカーで色づけするなりノートに書き出すなり，または図表にまとめたりすることによって得られるものが，その学期履修科目を決定する問題を分析するためのモデルになります。

モデル分析では，複雑な現実への理解を深める目的で，現実の一部分を切り取り単純化するために前提（以下では仮定と呼びます）を明確にします。そして，仮定からどういう結論が得られるかを分析します。仮定されることは真実とは限りません。たとえば，仮定を置かない方が現実に少し近づくけど結論には本質的な影響を与えないので，分析をわかりやすくするために置かれる仮定があります。また，現実と異なる仮想的な状況を設定して，結論がどう変わるかを比較検討するために置かれる仮定もあります。たとえば，ある法律が人々の行動にどのような影響を与えるかを理解したければ，その法律が存在しない状況を仮定して分析することが有用です。また，2種類の法律がどのように絡み合って人々の行動に影響を与えているかを理解したければ，一方の法律しか存在しないと仮定して分析することが必要となるはずです。このような思考実験を積み重ねていくことで理解を深めるのが経済学なのです。

現実の一部分を切り取り他を単純化したモデルは，本質を共有する広範な事例に適用できるものになりますが，しかしその結果，具体性の欠けた抽象的なものにもなります。商学部，経営学部，法学部などでは具体的で事例中心の授業が多いでしょうから，抽象的なモデルを分析するという経済学の授業や教科書に出会って戸惑った経験のある読者の皆さんもいることでしょう。しかし，抽象化することではじめて，事例中心ではみえてこない本質をあぶり出すことができるのです。さらに，いったんモデル化された問題は，数学を用いて分析されることが少なくありません。大学の学部入門レベルの経済学では，必ずしも大学入試レベルほどの数学は必要ではないのですが，とくに「数学が苦手で文系にした」学生さん・数学ご無沙汰の社会人の皆さんの拒否反応は大きいようです。

数学を利用するのは，用いられる用語の定義，仮定，そして仮定から結論にいたる論理のあいまいさを取り除くためです。いわばコミュニケーションの誤解をなくすための工夫といえます。もしもコトバだけであいまいさを取り除き，100%正しい論理を構築できるならば，数学を使わずに済むでしょう。しかし，専門用語が日常生活で用いられる用語と重複している経済学では，大変困難なことです。まずは用語や仮定を，誤解されるようなあいまいさのないように正確に定義・記述しなければなりません。次に，仮定から結論を導き出すプロセスを厳密かつ100%正確に記述しなければなりません。すごく優秀な書き手ならばそんなことができるかもしれませんが，少なくとも凡人の僕には無理ですね。仮にできたとしても読み手にとってもかえって理解することが難しくなってしまうでしょう。凡人がコトバだけで書くと，極端な場合には「風が吹けば桶屋が儲かる」のようなことになって

しまいます。要するに数学は，本来内容を厳密に，誤解のないようにするために用いられるということです。数学を利用することによって，用語や仮定のあいまいさの多くが除かれ，仮定から結論へのプロセスが 100% 正しいかどうかをチェックできます。そして，仮定されることの妥当性や結論の解釈に議論を集中できるようになります。

ところで，学生さんのなかには，「数式にしてくれないとわからん」ということで数理的な授業や教科書を好む人もいます（どちらかというと少数派でしょうが）。実際，経済学の学術研究論文の多くは非常に数理的です。しかし，数学のレベルの高い授業や教科書で勉強する方が「エライ」とか，そういうふうに考えない方がいいと思います。数理的に問題を解くことができることと，用語や仮定，そしてなぜそういう結論になるのかを理解して，コトバで直観的に説明できることとは別です。コトバによる説明にはあいまいさが残るわけですが，厳密さを犠牲にしてでも核となる論理をコトバで説明できなければ，単なる数学問題で終わってしまいます。経済学では学術研究のレベルでも，コトバによる直観的な説明力が重視されますし，結論をコトバで解釈することなく，分析対象である経済問題にどのような意義をもたらすのかを論ずることはできません。経済学は現実と抽象のキャッチボールでもあるのです。

経済学を勉強するためにより重要なのは，数学自身よりもむしろ，厳密な論理を追う根気です。必ずしも受験数学の得手不得手と連動しているとは限りませんし，数学が苦手だと思うのならば，なおさら思考のための「文法」としての経済学を勉強することのメリットは大きいと思います。論理的思考に長けることは，

自分の思考のための主要な「文法」を経済学にしない学生にとっても大きな武器となります。日本を代表する経営戦略論の研究者もこう言い切っています。

私は，戦略とは論理だ，とますます強く考えるようになっている。……戦略は論理だと考え，自分なりに納得のいく論理に基づいて判断することが重要なのである。論理が，情緒に流された判断にならないための最後のよすがになる。

まとめに再び猪木武徳氏にご登場いただき，経済学を定義していただきましょう。

つまり経済学は，社会で起きている複雑な出来事を理解するときに，できるだけ数少ない要素で，かなり多くの事柄を説明し，推論できる学問だということです。

3 本書のロードマップ

さて，もう少し先の章に進んで読んでみよう，という意欲が少しはわいたでしょうか。本書は教科書ではありませんが，構成は一応教科書チックになっています。また，凡人である僕には数学なしにコトバだけで厳密な議論を展開することはできないのですが，本書の性格上，あえてコトバだけで挑んでいます。そのためにかえってわかりにくかったり，正確とはいえない部分があるかもしれません。でも，そういうことが気になる皆さんには，本書の手助けはあまり必要ないでしょう。授業や教科書でバリバリ

勉強してください。しかし経済学イコール数学ではありません。「入門書の説明はまどろっこしい」「数式にしてくれないとわからん」といっていきなり中上級の授業や教科書に進む前に，本書をつまみ食いしてみることをオススメします。「微分してゼロ」と機械的に数学問題として解いているだけだと，直観的にコトバで説明する訓練がおろそかになってしまいます。それでは就活の担当者に学習したことの「おもしろさ」を語ってわかってもらうことはできないですよ。

まず第 2, 3 章は，選択を迫られている人間の意思決定の分析の章です。皆さんの身近なお話にしたかったので，「重要な意思決定問題」とはいえそうもない例も入っていますがご了承ください。第 4 章は，多数の人々が交わる場である「市場」のお話です。「市場」が素敵な場であることを紹介します。どのような意味で素敵なのか，どのような前提の下で素敵な場になるという結論となるのか，について簡潔にお話しします。逆にいえば，それらの前提が満たされないならば「市場」は素敵な場にはなりません。経済学者イコール「市場に任せれば OK と考えている人」というのは完全に誤ったイメージで，むしろ「市場」がうまく機能しない場合の研究に専念しているといっても過言ではないでしょう。「市場」がうまく機能しない原因についても紹介します。

ここから先は僕の興味をかなり反映しています。第 5 章では，世の中は不確実で，さまざまな運／不運に選択の結果が左右される世界のお話をします。第 6, 7 章は，知っていることが人によって違うという現実的な世界のお話です。現代の経済学のキーワードのひとつでもある**インセンティブ**という業界用語も紹介

します。手近にある英和辞典で "incentive" を引いてみてください。おそらく「誘因」「刺激」「動機」といった訳語が載っていると思います。ここではひとまず少し解釈を広げて，インセンティブとは，「アメの期待とムチの恐れとを与えて，人を行動へ誘うもの」であると定義しておきましょう。元産業再生機構COO（最高執行責任者）の冨山和彦氏は，彼の著書の「人はインセンティブと性格の奴隷である」というタイトルの章のなかで，「インセンティブとは，働く上で何を大切に思うのか，人それぞれの動機づけされる要因である」と書いています。このインセンティブをうまく設計するという問題についてお話しします。

第8章は，「市場」もうまく設計されなければならない，というテーマのお話です。第4章で，「市場」が素敵な場となるための前提および前提が満たされない原因をお話ししています。前提が満たされない「市場」をどのようにしてうまく機能させるようにするか，という問題を，入札・オークションや就活市場などを例にとって紹介します。

最後の第9章では，僕の専門分野である組織の経済学のお話をします。「市場」が素敵な場でないとき，もしかしたら「組織」が素敵な場になるかもしれません。伝統的な経済学では長年「ブラックボックス」として揶揄されてきた組織の中身について，経済学がどのような分析を行っているのかを紹介します。

4 本書を閉じるか，次の章に進む前に

元ハーバード大学学長で，米国クリントン政権下で財務長官，オバマ政権下で国家経済会議委員長を歴任した経済学者，ローレンス・サマーズ氏は，かつて「日本経済復活のカギは『勉強する』ことにあり」という記事で，次のように書いていました。

> 学問の中で最も抽象的な分野は数学です。では，数学の中で最も抽象的な分野は何でしょう。整数論です。では，整数論の中で最も抽象的な研究対象は何でしょう。素数です。あまり知られていないことですが，現金自動預け払い機（ATM）がなぜきちんと動いているかというと，整数論の研究が進んだからです。それも1世紀とか半世紀前ではなく，20年前の研究成果です。90年代に広がった電子商取引も整数論の進化と切り離せません。利益に直接結びつかないように思われがちな抽象的な研究でも，ちゃんと経済の強さにつながるわけです。

社会科学のなかでもっとも抽象的な学問は，おそらく経済学でしょう。勉強を始めるときの敷居も高いし，授業の教え方や教科書によって好き嫌いも出やすいと思います。また，日本においては，マスコミ，一般大衆のみならず，政治家（政党にかかわらず），法律家，門外漢の有識者，自称エコノミスト…，の経済学に対する理解や許容度が非常に低く，誤解された批判も目につきます。しかし，経済学は簡単には皆さんの目につかないところでさまざまな成果をあげていますし，皆さんの日常生活の裏側の隠れたロジックを理解する楽しみも与えてくれます。習得は決して簡単

ではなく，難行苦行の連続かもしれませんが，ぜひ興味を持ってもう少し先の章に進んでみてください。楽しい世界が待っています。

　でも，しつこいけど最後にもう一度。くれぐれも本書を読んだだけで経済学を習得できるとは思わないように。興味を持ったら授業や教科書で勉強しましょう。本書を読めば，一見退屈な授業や教科書に対する見方もちょっとは変わるかもしれませんよ。

第2章

「スマート」に決める原則
~ひとりの意思決定~

自分で決めるのに実は複雑!?

　この章では、経済学は人の選択や決定をどのように分析するのかを紹介します。経済学はひとことでいうと、選択に直面して「合理的」に意思決定を行おうとする人間を想定します。「合理的」というコトバは、日常生活でも(1)論理にかなっているさま、因習や迷信にとらわれないさま、(2)目的に合っていて無駄のないさま、などの意味で、ふつうに使われます。しかし経済学では、厳密かつ特有な意味で使っているので注意が必要です。この章でその内容と考え方を紹介します。

　たとえばラーメン屋での意思決定を考えましょう。このラーメン屋にはしょうゆラーメン、みそラーメン、しおラーメンの3種類があります。さらにいろいろなトッピングを選べますし、大盛りを注文することもできます。多くの選択肢があるわけです。ここでは簡単に「しょうゆ」「みそ」「しお」のどれを選ぶかという問題を考えましょう。

　経済学が想定する「合理的」な意思決定とは、次のふたつの条件を満たすものです。まず第1に、可能な選択肢を明らかにして、かつそれらの間の好ましさについての順位をつけることができる、という条件です。ラーメン屋での可能な選択肢は「しょうゆ」「みそ」「しお」の3つです。たとえば体育会系のつばさくんは、「みそ」「しょうゆ」「しお」の順番で好きなようです。草食系男子のまことくんは、「しお」「しょうゆ」「みそ」だそうです。このように好きな順番は人それぞれ違っていて当然です。ちゃきちゃきの江戸っ子のたろう先生は「ラーメンはしょうゆ味

に決まってるよ」ということで「しょうゆ」が1番ですが,「それ以外はラーメンとして認めねぇ」とのことで,「みそ」と「しお」ではどちらも同じくらい気に入らないそうです。このような同一順位の可能性も経済学は認めます。経済学の業界用語では,たろう先生にとって「みそ」と「しお」は**無差別**である,といいます。この「無差別」は "indifferent" の日本語訳ですが,「無関心」などと訳す学生さんがいたりして迷訳集の上位にくる常連でもあります。

　たろう先生は「みそ」と「しお」の順位づけができないのではなく,順位が同じだということに注意しましょう。一方,先生の娘さんのひとみちゃんは,「みそ」は嫌いで「しょうゆ」か「しお」がいいそうですが,「どっちがいいかわかんな～い」といっています。彼女の場合は「しょうゆ」と「しお」の順位づけができないということになるので条件を満たしていません。

　また,ひとみちゃんのお兄さんのはじめくんは「みそ」と「しょうゆ」なら「しょうゆ」の方が好き,「しょうゆ」と「しお」だと「しお」の方が好きだけど,「しお」と「みそ」だと「みそ」の方がいいそうです。残念ながら彼も条件を満たしていません。彼の順位づけは,「みそ」「しお」「しょうゆ」の順番なのか,「しお」「しょうゆ」「みそ」の順番なのか,「しょうゆ」「みそ」「しお」の順番なのか,決まっていませんよね。これは業界用語では**推移性**(transitivity)を満たしていない,といいます。「推移性」を満たすためには,「みそ」より「しょうゆ」が好き,「しょうゆ」より「しお」が好きならば,「みそ」より「しお」が好きでなければなりません。このように説いてはじめくんを納得させることができるならば,はじめくんの順位づけは「しお」「しょうゆ」「みそ」となります。

ひとりの意思決定から少し横道にそれますが,たとえひとりひとりが選択肢の間に順位をつけることができても,みんなの順位を集計すると推移性を満たさないということがあります。たとえば,イチロー,マツイ,マツザカの3人が,A,B,Cの3つの店のいずれかでコンパをする状況を考えましょう。イチローの順位はA,B,C,マツイはB,C,A,マツザカはC,A,Bとします。このときAとBのどちらがいいかを多数決で決めるとイチローとマツザカはAの方が好きなのでAになります。BとCの間ではイチローとマツイによってBの方がよいことになります。しかし,CとAの間ではイチロー以外はCの方がいいのでCとなります。ということで,AよりはC,CよりはB,BよりはAとなり,推移性を満たさなくなってしまいます。この例の裏には深遠な論理が隠されているのですが,それは本書の範囲を超えてしまうので,このあたりで本道に戻ることにしましょう。

さて,経済学が想定する意思決定が満たす第2の条件に移りましょう。それは,選択可能な選択肢のなかからもっとも順位づけの高いものを選ぶ,という条件です。「みそ」「しょうゆ」「しお」のいずれかを選べるラーメン屋では,つばさくんは「みそ」を,まことくんは「しお」を,たろう先生は「しょうゆ」を選ばなければならないということになります。「しょうゆ」か「みそ」しかないラーメン屋では,つばさくんは「みそ」を,まことくんとたろう先生は「しょうゆ」を選ばなければなりません。

では,「しお」と「みそ」しか出さないラーメン店ではどうでしょうか。つばさくんは「みそ」を,まことくんは「しお」を選べば第2の条件を満たします。ではたろう先生は？「そんな

ラーメン屋にたろう先生が行くはずがない」といいたくなるあなたの気持ちもわかりますが、たとえばなじみのラーメン屋に行ったら、その日に限り特製しょうゆの供給が確保できず、しおラーメンかみそラーメンしかつくれなくなったとしましょう。さらに第4の選択肢として、「ラーメンをあきらめる」を追加しましょう。たろう先生にとって「みそ」と「しお」は同じくらい望ましくない選択肢ですが、それでも「ラーメンをあきらめる」よりは望ましいとします。このときたろう先生が「しお」を選んでも「みそ」を選んでも、第2の条件を満たしています。なぜならば、たろう先生にとって「みそ」と「しお」は、可能な選択肢(「みそ」「しお」「ラーメンをあきらめる」)のなかでもっとも望ましい2つの選択肢だからです。

第2の条件が満たされていない例も紹介しましょう。あるコンパ会場での光景です。

イチロー： 「生ビール！」
店　　員： 「アサヒとサッポロのどちらにしますか？」
イチロー： 「アサヒがいい！」
店　　員： 「あ、すいません、サントリーもありました。」
イチロー： 「じゃサッポロ！」
店　　員： 「えーと、アサヒでもいいですよね？」
イチロー： 「サッポロじゃないといや！」

イチローはアサヒとサッポロというふたつの選択肢があるときにアサヒを選んでいますから、第2の条件にしたがえば望ましさはアサヒ、サッポロの順、もしくはアサヒとサッポロで無差別なはずです。ところが第3の選択肢サントリーも選択可能にな

ったとき，サッポロを選んでいます。すると，望ましさがアサヒ，サッポロの順のはずはありません。アサヒも可能な選択肢として残っているわけですから，サントリーが加わってもアサヒを選ばないと第2の条件を満たさないからです。よって，アサヒとサッポロは無差別（そしていずれもサントリーより望ましい）でなければならないのですが，最後の会話からサッポロをアサヒよりも望ましいと考えていることになります。これではそもそも最初にアサヒとサッポロの間でアサヒを選択することが説明できません。イチローは第2の条件を満たしていないことになります。

なんか，第2の条件は当たり前のことをいっているように感じるかもしれません。要するに経済学の文法では，さまざまな制約の下で，できる限り望ましい選択をしようとする人間を想定して，その選択行動を分析するのです。だけど，ここで取り上げた簡単な例でさえも，現実には他のいろいろなしがらみによって「当たり前」にみえなくなっていきます。イチローを笑っているあなたが，同じような選択に陥ってしまうことさえありうるのです。意思決定の条件をきちんと頭に入れておくことによって，そのような状況でも惑わされずに本質を見抜いて意思決定する助けになるのです。

2 決めることはあきらめること
トレードオフ

さて，ラーメン屋での「しょうゆ」「みそ」「しお」ラーメンの選択の問題に戻りましょう。ラーメン屋での実際の意思決定問題は，実はもう少し込み入っています。なぜならば，トッピングとか大盛りにするかとか，選択肢の幅があるからです。たとえば体

育会系のつばさくんは，ラーメン屋での選択肢のなかでは，みそラーメンをすべてのトッピング（全部のせ）と大盛りで注文することがもっとも望ましいと考えているとしましょう。しかしちょっと待ってください。昼食でこれだけ大食いしてしまうと，食後の部活での練習に悪影響が出るかもしれません。また，そもそもお金の問題があります。昼食代にお金を使いすぎると，部活後の夕食やコンパでの出費を切り詰めなければならなくなるかもしれません。このように少し視野を広げると，ラーメン屋での意思決定も一筋縄ではいかなくなります。また，そもそもお昼にラーメンを食べることによって，最近オープンした話題のピザ屋での昼食をあきらめなければならない，ということもあります。

　意思決定に**トレードオフ**（trade-off）はつきもの。これは経済学的思考において大変重要な考え方です。トレードオフとは，「一方を立てると他方が立たない」といういわば二律背反のようなことを意味します。何かを求めるならば，何かが犠牲にされなければならないということです。昼食にラーメンを食べるならばピザをあきらめなければなりません。昼食を豪勢にすれば夕食を切り詰めなければならなくなるかもしれません。ラーメン屋内でも「全部のせにする代わりに大盛りはあきらめるか…」といったトレードオフがあります。

　トレードオフはお金にかかわることだけではありません。学生の皆さんにとっては，時間にかんするトレードオフもおなじみでしょう。新入生は新歓期にいろいろなサークルなどから勧誘を受けて，どのサークルの夕食会に参加するかで頭を悩ませるかもしれません。食事代は先輩がおごってくれるのでお金の心配はありません。できるだけいろいろなサークルの雰囲気をつかみたい

と思っても、さすがに時間は限られています。夕食会に参加できるサークルの裏には、あきらめなければならないサークルもあります。さらに学生生活はサークル活動だけではありません。クラス活動もあればバイトも必要、資格にも興味があり、友人との旅行、もちろん恋愛だって…、自由に好きなことができる4年間、というイメージがあるかもしれませんが、何でもすべてできるほどの時間とエネルギーの余裕はありません。どこかで取捨選択が必要になってきます。「好きなことは何でもできる！」といっている先輩たちも、実は勉強の時間がなくなって学期末あげくは卒業後に「もっとふだんから勉強しておけばよかった…」と後悔することも。つまり勉強のための時間が選択されずに捨てられていた、ということになります。

　トレードオフの問題に直面するのは、われわれひとりひとりだけではありません。人の集まりである会社も、ひとりの意思決定主体とみなして分析することができます（組織としての会社については、本書の最後、第9章で考察します）。会社の経営戦略の本質はトレードオフを理解し、何を選び、何を捨てるかを決めることにあると、経営戦略論の大家も語っています。

> 戦略とは、企業に何をしないのかという厳しい選択を迫るものである……優れた戦略とは、トレードオフを伴うものである。しかし日本企業はトレードオフを苦手としている……日本企業は、どの顧客を自分の顧客として選び、どの顧客を競合他社に譲るかに関して取捨選択することはほとんどない。つまり、「すべての人にすべての物を」という発想が浸透してしまっているのである。しかし、どの顧客のいかなるニーズに応えるかを取捨選択することこそが、戦略の本質であることを、日本企業のマネージャーは理解しなければ

ならない。

一方で,トレードオフにあえて挑む会社もあります。東芝の西田厚聰社長(2007年当時)は,次のように語っています。

> イノベーションの本質は何か。それは「二律背反」の事柄を同時に達成することだ……利益かシェアか,品質かコストか,差異化か標準化か。かつては二律背反的な要素のどちらかを二者択一すればよかった。しかし,今やパラダイムが変わり,二律背反という本質的な課題を解決しないと勝ち残れない。

いいかえれば,利益かシェアか,品質かコストか,差異化か標準化か,などの間のトレードオフを打ち破るためには,これらの両方を追求するために,何を新たにあきらめなければならないかを探る試み,と考えることができます。

このようなトレードオフを理解するためには,意思決定の問題を,選択がもたらすプラス(便益)とマイナス(費用,コスト)を比較するという視点で考えるのがわかりやすいでしょう。前述の体育会系のつばさくんは,ラーメン屋での選択肢のなかでは,みそラーメンをすべてのトッピング(全部のせ)と大盛りで注文することがもっとも好ましいと考えています。つまりラーメン屋での他の選択肢と比較して,この選択肢のプラス面がつばさくんにとってはいちばん大きいようです。一方マイナス面では,みそラーメン全部のせ大盛りの代金がすぐに浮かびます。もっとも好ましい選択肢でも,その代金がみそラーメントッピングなし普通盛りよりも大幅に高いならば,全部のせ大盛りをあきらめる方が

3 意思決定の落とし穴，その1
機会費用

しかし，マイナス面には気をつけなければならない落とし穴があります。この落とし穴を正しく理解することが優れた意思決定につながります。

まず第1の落とし穴は，「意思決定に際して考慮すべきマイナス面を見逃してしまう」というものです。とくに考慮することを忘れてしまいやすいのは，**機会費用**（opportunity cost）というマイナスです。つばさくんの昼食における選択問題の機会費用については，すでにいくつか指摘しました。たとえば最近オープンしたピザ屋での昼食がその例です。ラーメン屋でみそラーメンを食べることによって，ピザ屋での昼食という機会が失われます。その失われた時間などの機会を金額で評価したものが機会費用です。実は，つばさくんにとってはラーメン屋のどのメニューよりも，話題のピザ屋での昼食の方が順位が高かったのかもしれません。もちろん，はじめからラーメン屋に限定せず可能な選択肢を冷静に考えれば，いちばん食べたかったのは実はピザ屋での昼食だということに気がついたでしょう。しかし，とりあえずラーメン屋，ということになったときに，機会費用をよく考えないと間違った選択に行き着く可能性があるのです。

一般的に，ある選択肢のマイナス面を考えるときに，その選択肢を選ぶことで失われるものの価値を評価することが重要です。とくに直接マイナスとなる金銭的費用があるときに，その裏に隠

れた機会費用を見逃しやすいといえます。映画を見に行くことで失われるのは，交通費や映画館で払う代金のみではありません。映画を見に行くことによって失われた時間の価値があります。その時間を別の娯楽で満たすことで得られる喜び，バイトに費やしたときに稼いだであろう金額，授業の準備時間に充てることで将来もたらされる時間の余裕や学習速度の向上，などの価値を考慮する必要があります。2年間の専門職大学院に進学することの費用としては，入学金や授業料よりもむしろ，進学せずに就職していたならば2年の間に稼いだであろう所得の方が大きいでしょう（だから進学すべきでない，ということではありません。進学することのプラス面も大きいでしょうから，プラスとマイナスのトレードオフを注意深く考えて決断することをオススメします）。野球やゴルフ，卓球など，有能なスポーツ選手が大学へ進学せずにプロになる理由のひとつは，進学することで失う所得，プロとして切磋琢磨することで得られるやりがいや技術向上の機会，が大きいことにありそうです。マイクロソフトのビル・ゲイツもアップルのスティーブ・ジョブズも，大学を中退しました。

　会社での仕事の割り当ても，機会費用を無視して行うと表に現れない無駄が生じます。時間はかかるけれども決められた手順で誰でもできる，簡単なルーチンワークを外注することをケチって，給料の高い正社員に対応させてしまうと，本来正社員が行うべき仕事に割り当てる時間が失われて，大きな機会費用が発生します。会社の重役や，大学教授，コンサルタントなどの専門職が秘書を雇っているのは，そのような機会費用を生み出さないようにするという理由があるのです。

　皆さんの身近でも，隠れたところでさまざまな機会費用が発生

しています。授業に出席することの機会費用，市が所有する土地を遊休にしていることの機会費用，会議を長く延ばすことの機会費用など，よりよい意思決定のために，失われる機会を評価するくせをつけましょう。

4 意思決定の落とし穴，その2
サンクコスト

第2の落とし穴は，機会費用とは逆に「考慮すべきでないのに，意思決定の際に考慮してしまう」マイナス面で，経済学の業界用語では**サンクコスト**（埋没費用，sunk cost）と呼ばれています。映画館で映画を見はじめて，「これは見る価値なし」と思ったらどうしますか？「せっかく入場料金も払ったのだしもったいないから最後まで…」と考えるあなたは，見事にサンクコストの罠にはまっています。入場料金は途中で退出しても戻ってこないのですから，見る価値なしと判断した映画を見続けるよりも，さっさと退場して時間を有効に使った方が賢明です（もう少し見続ければおもしろくなるかも…，と考えるならば話は別です。これはプラス面の評価です）。このような後から回収不可能な費用がサンクコストです。どのような選択をしてもどうせ払わなければならない部分は，意思決定の際は無視すべきなのです。にもかかわらず，われわれはこのサンクコストに影響されてしまうことが多いのです。大金をはたいて獲得した元メジャーリーガーを，日本で極度の不振なのに使い続けたり，これまでお金と時間をかけて研究開発してきたけれど，より上をいく製品が他社から発表されてしまい勝つ見込みがなくても，研究を続けて発表し損失を増大させてしまうことなどは，その典型例です。

皆さんも、コンパで「飲み放題」(時間制一定金額) にしているときの方が、1杯ごとに追加料金を払う場合よりも飲み過ぎることが多いという経験があるかもしれません (20歳未満の読者の皆さんはそういうことがあるかもと想像してみてください)。ただし、この現象自体から直ちに「サンクコストを無視している」ということにはなりません。なぜかというと、たとえば生ビール中サイズ (生中) を何杯飲むかという消費決定に限定したときに、何杯飲んでも金額が同じ、というときと1杯500円のときとでは、最適なビールの消費量が違うのが普通だからです。

しかし、次の状況を考えてください。コンパをひとり当たり1500円の「ビール飲み放題」で開催しました。が、開始前に、参加者20名のうち、ランダムに10名を選んでその代金を0円にすることを伝えます。1500円を払う学生と、払わなくてもよい学生とでは、ビールの消費量は異なるでしょうか。もちろん異なるべきではありません。支払う金額はビールの消費量とは関係ないのですから、各自、十分満足するまでビールを消費すべきです。ビールの消費量がグループ間で大きく違うとすれば、それはたまたま一方のグループにビールをたくさん飲む学生が偏っていたからでしかないはずです。しかし、このような状況をビールの代わりにピザを使って行った実験によると、代金を支払うグループの方が平均的により多くのピザを消費することが発見されています。「せっかくお金を払ったんだから無駄にしたくない!」というサンクコストの罠に陥っている可能性が高いというわけです。皆さんも気をつけてください。

さて、ここまでのお話を振り返りましょう。まず、経済学が想定する「合理的」な意思決定の満たすべきふたつの条件を説明し

ました。続いて経済学的思考による意思決定では，トレードオフを考えることと，選択肢のマイナス面を考える際の落とし穴に気をつけることが大切だと指摘しました。最後にもうひとつ，「すぐれた選択は限界効果の分析によって行われる」ということを説明して，この章を終えることにしましょう。

5 「もう1杯!!」を考える
限界分析

　生中を何杯飲むかという意思決定問題をさらに掘り下げていきましょう。以下では話を簡単にするために，機会費用は考えないことにします。まずひとり当たり1500円の「ビール飲み放題」の状況を考えましょう。何杯飲んでも支払う金額は1500円で一定です。どうすればあなたにとって最適な（もっとも望ましい）消費量をみつけることができるでしょうか。

　まず1杯注文しましょう。1杯目が終わりました。2杯目も飲みたいですか？　そう，ならばもう1杯注文しましょう。2杯目もなくなりました。まだ飲みたい？　では3杯目を注文！　3杯目をようやく飲み干しました。4杯目は？　もう十分，ご飯ものでしめたいということならば，あなたにとって最適なビールの消費量は3杯ということになります。何も不思議なことはありませんよね？　1杯目からはじめてもう1杯飲みたいということは，あなたにとって1杯飲むよりも2杯飲む方がうれしい，ということです。同様に，2杯目終了後に3杯目にいきたいということは，2杯飲むより3杯飲む方がうれしいということです。しかし，4杯目はいらない，ということは，4杯飲むより3杯飲む方がうれしいということです。4杯飲むのは3杯飲むほどうれし

くないのに，5杯以上飲むことでもっとうれしくなる，という可能性は通常ありませんから，3杯が最適な消費量ということになるのです。

　読者の皆さんのなかには，「飲みはじめる前と後で最適なビール消費量が変わるんじゃない？」と思った人がいるかもしれません。鋭い指摘です。飲みはじめる前には「明日朝1限目の授業もあるし，1杯だけ飲むのがベスト」と考えていたのに，いざ飲みはじめた後では場の雰囲気もあって3杯まで飲む方がうれしい，と変化した経験のある人もいるでしょう。実はこのような現象の分析も経済学では盛んに行われているのですが，本書の範囲を超えるので，ここでは冷静で「ビールに飲まれない」意思決定者を想像してください。

　本章の最初の「みそ」「しお」「しょうゆ」ラーメンからの選択の例を思い出してください。選択可能な3種類のラーメンに好きな順に順位づけして，1番好きなラーメンを選択するのと同様に，生中のジョッキ数をうれしい順に順位づけしたときに，いちばんうれしいのが3杯だったということになります。

　1杯よりも2杯飲む方がうれしいということは，1杯目から加わるもう1杯がもたらす追加の「満足度」がプラスということになります。「満足度って何？」「どうやって測るの？」といった疑問を持った読者の皆さんはもうちょっと我慢してください。すぐに「満足度」を金額で評価する方法を紹介します。2杯飲んだ状態で追加されるもう1杯の追加の「満足度」も同様にプラスです。しかし，3杯飲んだ状態でもう1杯を追加することは望ましくないのですから，この最後の1杯のもたらす追加の「満足

度」はマイナスということになります。このように，追加するもう1杯がもたらす効果を，**限界効果**（marginal effect）と呼びます。そして，この限界効果がプラスである限り，ビールの消費量を増加させていくことによって「満足度」が高まっていく，ということがわかります。

次に「ビール飲み放題」という前提を変えて，生中1杯が500円とします。そしてビールを消費することから得られる「満足度」を，金額で測ることにします。その金額評価の値は，次の問いに答えることによって得られます。

「ビール1杯を消費するために最大いくら支払ってもいいと考えますか？」

まず最初の1杯目を考えましょう。誰でも最初の1杯の価値は高そうです。たとえばあなたは最初の1杯に1000円までなら支払ってもいいと考えているとします。1000円を超えるならば，ビールを我慢する方を選ぶ，ということです。

さて，実際のビール1杯の価格は500円で1000円未満ですから，1杯目を消費することが望ましいことがわかります。次に2杯目について，同様の問いに対する回答を考えます。

「ビールを1杯飲んだ後に，もう1杯を消費するために最大いくら支払ってもいいと考えますか？」

回答は人によって変わります。相変わらず1000円と考える人もいれば，いきなり1円，つまりタダでないと飲みたくない水

準まで「満足度」が下がる人もいるでしょう。なかには回答がマイナスになる人がいるかもしれません。これは、お金を払ってでも、もう1杯消費することを回避したい、という人です。これらの極端な回答の人は少ないでしょうから、ここであなたの回答は600円であるとしましょう。すると、1杯を消費した時点でもう1杯消費することのプラスは600円、マイナスは500円です。プラスの方が大きいですから、2杯目を消費する方が1杯でやめるよりも、あなたにとっては望ましい選択となります。

さて2杯目を飲み干して、3杯目に突入するかどうかで、同様の問いを考えたところ、もう1杯消費することに支払ってよいと考える最大額が470円だったとします。すると、2杯消費した時点でもう1杯消費することのプラスは470円、マイナスは500円です。マイナスの方が大きいですから、2杯でおしまいにする方が3杯目を消費するよりも望ましい、ということになります。このように追加の1杯のプラスとマイナスを考えることによって、もっとも望ましい状態にたどり着くことができるのです。プラスの方は**限界便益** (marginal benefit)、マイナスの方は**限界費用** (marginal cost)、と呼ばれます。この例では、ビール追加1杯の限界便益は、それまでのビールの消費量によって変化しています。具体的には、ビールの消費量が増えるにしたがって、限界便益は減っていきます。他方、限界費用の方は1杯当たりの価格500円で一定となっています。限界便益が限界費用を上回るならばビールの消費を増やすことによって、あなたの利得（ビール消費の追加1杯の「満足度」の金額評価の合計から支払う総額を引いた値）は上昇します。そして限界便益が限界費用を下回るならば、それ以上にビールの消費を増やすことは望ましくあ

りません。あなたの利得はビールの消費を増やしても下がっていくことになります。こうして限界便益と限界費用を比較することによって、もっとも望ましい状態を探し当てることができるのです。

ちなみに僕の自宅近くに、家族でよく行くインドカレー店があったのですが、生ビール1杯目が550円、2杯目が500円、3杯目が450円、というふうに、消費者のビールに対する限界便益が逓減していくことを想定した価格づけをしていました。たとえば前の例のように、3杯目を消費することにあなたが支払ってよいと考える最大額が470円ならば、生ビール1杯の価格が500円で一定の店ならば2杯で終わりにするところを、このインドカレー店では3杯目に突入していたわけです。この価格戦略はなかなかよかったのですが、店自体は残念ながら最近閉店してしまいました。

さて、改めて「ビール飲み放題」の場合と比較してみましょう。飲み放題の場合は限界費用はゼロとなっています。もう1杯消費しても支払う金額は変化しないからです。すると、3杯目を消費することによる限界便益が470円なので、飲み放題の場合には2杯でおしまいにするよりも3杯目に突入する方が「満足度」が大きくなることになります。そして4杯よりは3杯が望ましいということは、3杯消費後の追加1杯の限界便益はゼロ以下になっているはずです。つまり「ビール飲み放題」の場合には限界費用はゼロなので、限界便益が正である限りは消費を増やすことでもっとも望ましい消費量にたどり着くことができるのです。

6 いろいろな「費用」

　会社の決定も同様で，追加1単位の生産によって得られる追加収入（**限界収入**〔marginal revenue〕と呼ばれます）と追加費用（限界費用）を比較することによって，最適な生産量を知ることができます。注意しなければならないのは，総費用や平均費用に引っ張られることです。たとえば，ある会社の製品の価格が1000円，この製品を100個生産するために必要な総費用は12万円であるとします。よって平均費用は12万円/100個 = 1200円で価格1000円よりも高くなっています。ということは100個は過大な生産量ということでしょうか。実はそうとは限りません。むしろもっと生産量を増やすことで利潤，つまり「総収入 − 総費用」が上昇することさえあります。たとえば総費用のうち10万円は生産量に関係なく計上しなければならない設備費，光熱費などであるとしましょう（**固定費用**〔fixed cost〕と呼ばれます）。そして，製品を1単位多く生産することによる追加費用は200円で一定とします。すると，100個生産することによってかかる総費用は，確かに10万円 + 200円 × 100個 = 12万円となっています。しかし，100個からさらに追加1個を生産することによって増加する限界収入は1000円，限界費用は200円ですから，（生産能力いっぱいまで）生産を増加し続けることによって利潤が増加し続けるのです。

　さらに，生産量が増えると限界費用自体が下がる可能性もあります。ジョンとヨーコの夫婦にジュリアンとショーンというふたりの子どもがいます。ふたりの子どもは学校にお弁当を持参しな

ければなりません。主夫のジョンはふたりの子どもために毎朝お弁当をつくります。ジュリアンだけのためにお弁当をつくる費用は高いかもしれませんが、ふたり目のショーンにもお弁当つくることで余分にかかる追加費用や、さらに会社勤めのヨーコのために3つ目のお弁当を準備することでかかる追加費用は、ずっと安いはずです。総費用は増えていきますが、だからといって限界費用も増加するわけではないのです。会社でも、いったん大きな工場設備を完成させて操業させれば、製品をつくればつくるほど限界費用が下がっていく、という状況になることがあります。

しかし、未来永劫限界費用が下がっていくということはまずありません。いずれは工場設備の生産能力の拡張が必要になるかもしれませんし、設備が陳腐化、老朽化することもあります。また、消費者の好みや流行の変化、競合他社の新製品に対処するために、製品の微調整や品質管理が必要となって、そのための費用が生産すればするほど重荷になっていく、ということもあるでしょう。こうして、限界費用が製品価格（すなわち限界収入）1000円を超える生産量に到達します。その生産量を超えてしまうと、限界費用は限界収入を上回ってしまい、つくればつくるほど損になるので、限界費用が限界収入（製品価格）すなわち1000円にほぼ等しくなる水準まで生産することが、もっとも望ましい決定になります。

本章では、われわれひとりひとりや、会社をひとりの決定主体とみなしたときに、経済学が選択や決定をどのように分析するかを紹介してきました。本章の内容は、皆さんが経済学の授業や教科書で消費者や企業の意思決定を学習する部分に対応しています。この章のみならず授業や教科書でも、説明をできるだけ簡単

にするために，本章1節（22頁）のタイトルにある「自分で決める」世界に限定しています。しかし，世の中はそんなに甘くはありません。1カ月後の旅行のときの天気，恋人の心変わり，先生の気まぐれな出欠調査，突然のライバル会社の出現など，自分では決められない，しかし自分に大きな影響を及ぼすことが，われわれの周りで起こります。次章からは，自分だけでは決められない世界に読者の皆さんを誘うことにしましょう。

第3章

駆け引きのなかで決める原則
~ゲーム理論超入門~

1 向こうから自転車が来たら…

　ある大学街では，ちゃんと自転車専用レーンがあるにもかかわらず，多くの自転車が歩道を通行しています。いま，大学生のひろみが自転車で歩道を北から南に走っていると，向こうからも自転車が来ました。たまたま歩行者がいないので，互いにそれなりのスピードで走っています。ひろみが直面する意思決定問題は，とっさに左に寄るか右に寄るかの選択です。相手とぶつかりそうになることを避けられるならば，どちらに寄っても大きな違いはありません。つまり，ひろみにとって望ましい選択は，相手の選択次第で変わります。相手が相手からみて右に寄るならばひろみも自分からみて右に寄る方がいいし，相手が左に寄るならば，ひろみにとっても左に寄る方が望ましいことになります。

　どのラーメンを注文するか，ビールを何杯飲むか，などの決定は，基本的には「自分で決める」決定です。もちろん周りの人に左右される可能性もあります。「自分だけもう1杯飲むのはいやだけど，友人も飲むならば自分ももう1杯！」ということもありそうですが，前章ではそのような特徴を省略して分析しました。でも，上記の自転車の例では，そのように省略して考えていては正面衝突してしまいそうです。

　この章では，あなたと同じようによい選択をしようと考えている人が他にもいて，その相手の選択が自分の選択に影響を及ぼす状況での意思決定を扱うことにします。大部分の例では，そのような人がふたりいる簡単な状況を考えます。この章で紹介する考え方は，人数がふたりより多い状況にも当てはまりますが，人数が増えるとそれだけ意思決定も難しくなります。また，人数が

非常に多くなると，今度は逆に互いの選択が他の人にほとんど影響を及ぼさない状況になることもあります。少人数の演習やゼミナールでひとりが欠席すると，先生に指名される可能性が高まったりして多大な影響を受けますが，大教室の講義では何人か欠席してもほとんど影響はありませんよね。というわけで，本章では比較的少人数の間の関係を考えることにします。互いに影響を及ぼさないほど多数の人がいる状況は，次の章で考えます。

2 「神の手」か「相手の意思」か
ふたつの不確実性

自転車の例の重要な特徴は，あなたと同じようによい選択をしようと考えている人が他にもいて，さらにその相手の選択がわからない，という不確実性があることです。われわれが直面する不確実性には，大きく分けてふたつの種類があります。第1に「自然の不確実性」と呼ばれるものです。明日の天気はどうなるか，宝くじに当たるかどうか，新製品がヒットするか，研究開発プロジェクトに成功するか，片思いの彼／彼女も自分のことを好きかどうか，といった不確実性の結果は，私的な利害にかかわりのない「神の手」によってランダムに（無作為に）決められることです（神様はサイコロを振ります）。

本章が対象とするのは第2の不確実性で，「戦略的（もしくは意図的）不確実性」と呼ばれます。ライバル企業の新製品導入の時期は？ 某先生の出題する今年の試験問題の分野は？ テーマパークではぐれてしまった初デートの（まだ携帯の番号を知らない）相手はどこで待っているか？ といった不確実性の対象は，あなた

と同じように意思決定に直面している相手の決定の結果です。相手もあなたの意思決定をいろいろと予想して、時には裏をかこうとしたり、逆にあなたの決定にあわせようとして努力しています。このような特徴は、最初の種類の不確実性にはありません。自然の不確実性の下で起こる結果は、誰かの「戦略的」な意図、打算によって決まるものではないからです。以下本章で焦点を当てる戦略的不確実性が重要な状況を、「戦略的状況」と呼ぶことにしましょう。

なお自然の不確実性の例で挙げた新製品の売れ行きや研究の成果は、戦略的不確実性の側面も持っています。たとえば他の企業の製品戦略やプロジェクト・メンバーの利害に影響されるでしょう。しかし、新製品がヒットするか、画期的な研究成果が得られるか、は運不運にも大きく左右されるもので、自然の不確実性の要素が強い場合が多いと思われます。自然の不確実性にまつわる問題は、第5章で扱うことにします。

3 人はひとりでは生きられない
ゲーム理論が扱う状況

戦略的状況での合理的意思決定の問題は、今日では**ゲーム理論**(game theory) と呼ばれる理論によって分析されています。この理論は、現代の経済学を支える柱のひとつになっていますが、経済学を超えて幅広い分野で応用されています。

たとえば会社の直面する意思決定を考えてみましょう。会社は自社だけで存続しているわけではありません。会社のインプットとなる部品、原材料、資金、サービスなどを提供する売手となる部品製造会社や銀行、会社のアウトプットである製品やサービス

を購買する買手となる会社や顧客，インプットの購入やアウトプットの販売をめぐって時には争い時には手を結びあうライバル会社，などの影響を受け続けています。また，会社の経営自体も，社長さんだけでやっていけるはずはありません。会社は組織，すなわち人の集まりであり，社長と他の従業員との間の協力が不可欠です。従業員は時には昇進や異動をめぐって競争することさえあります。会社の組織自体も，互いに影響を及ぼしあうメンバーによって構成されているのです。以上のことから明らかなように，経営学や商学の分野が扱う諸問題も，ゲーム理論と密接な関係があります。

また，会計制度や法律は人々の行動に影響を与えますから，会計制度・法律の設計・改正に携わる人々は，自分たちの決定が及ぼす影響を先読みして考慮する必要があります。政治家の駆け引き，国際関係における各国の行動なども同様です。生物の進化もゲーム理論的に分析されています。さらにはわれわれの頭のなかで起こっていることさえ，ゲーム理論で分析されています。目先の小さな利益（たとえば間食）を追求する脳の部分と，将来の大きな利益（たとえばダイエット）をめざす部分とは，互いに影響を及ぼしあう状態にあるわけです。

戦略的不確実性のある状況での基本的な考え方は，「相手の立場にたって考える」です。相手もあなたの意思決定の結果をいろいろと予想して，時には裏をかこうとしたり，逆にあなたの決定にあわせようとして努力しています。したがって，自分の意思決定の前に相手の立場にたって考え，相手の決定を予想することが非常に重要になってくるわけです。このようなゲーム理論的な考え方を当てはめることができる事例を，身近な日常生活でみつ

けることも簡単ですし，われわれは無意識にそのような考え方を実践していることさえあります。東京でエスカレーターで左側に立つことも，待ち合わせをすると互いに遅れてくることがしょっちゅうなのも，きれい好きな人が結局トイレを掃除するという貧乏くじを引くということも，ゲーム理論で分析できてしまうのです。これらの日常生活の例についても，以下で紹介します。

4 自転車ですれ違うケース
コーディネーションが重要

　ゲーム理論では意思決定者を「プレーヤー」と呼びます。冒頭の例では，ふたりのプレーヤーがいました。北から南に走っているプレーヤー（ひろみ）と，南から北に走っているプレーヤー（便宜上ゆうきという名前だとしましょう）です。ふたりはそれぞれとっさに「左に寄る」か「右に寄る」かを選択するとします。どちらもそれなりのスピードで走っているので，相手の選択をみてから選択する余裕はなく，同時に決定すると仮定しましょう。ひょっとしたら「どちらにも寄らずに真ん中を突っ走る」という選択肢があったり，「左に寄る」という選択肢も，どの時点で寄るのかという複雑な選択の余地があるかもしれません。しかし，第1章2節（12頁）でモデルで考えることの大切さを説明したように，分析の出発点としてできるだけ簡単な状況に焦点を当てることによって，この意思決定問題の重要な特徴を際立たせることができます。その後で，より複雑な要素を追加していけばいいのです。

　この設定において，実現する結果は4種類のうちのいずれか

ひとつです。まず,ふたりとも自分からみて「左に寄る」を選ぶという結果です。これを(左,左)と書くことにします。カッコ内の最初の「左」はひろみの選択,2番目の「左」はゆうきの選択です。すると4種類の結果は,(左,左),(左,右),(右,左),(右,右)と表せます。ふたりのプレーヤーは,この4種類の結果を,自分にとって望ましい順番に順序づけることができます(第2章を思い出してください)。この例では,(左,左)もしくは(右,右)ならば無事にすれ違うことができるのですが,(左,右)もしくは(右,左)では衝突してしまいます。よってどちらのプレーヤーにとっても,(左,左)もしくは(右,右)ならば同じ程度に望ましい結果ですが,(左,右)もしくは(右,左)は同じ程度に望ましくない結果と想定することは自然でしょう。

　まず,ふたりとも「左に寄る」を選ぶ結果(左,左)に注目しましょう。この結果では,どちらのプレーヤーにとっても,互いに相手の選択に対して最善の選択をしています。ひろみは自分の選択を「右に寄る」に変えるとぶつかってしまいますし,ゆうきも同様です。つまり,両者ともこの状態から単独で選択を変える理由はありません。ふたりとも「右に寄る」を選ぶ結果(右,右)も同様で,両者ともこの状態から単独で選択を変える理由はありません。

　残りの状態はいずれもそのままで落ち着くことはありません。(左,右)もしくは(右,左)という状態では,どちらのプレーヤーも単独で選択を変えることによって衝突を避けることができます。よって,両者が選択を変えずに落ち着く状態は(左,左)と(右,右)のふたつあることがわかりました。これらふたつの状態は,このゲームの**ナッシュ均衡**(Nash equilibrium)と呼ばれるものです。そう,2001年に公開され,アカデミー賞やゴー

ルデングローブ賞で数々の賞を受賞した映画「ビューティフル・マインド」で，ラッセル・クロウが演じたジョン・ナッシュ (John F. Nash, Jr.) が「発見」した「理論」です。このナッシュ均衡は，今日では「需要と供給」と並んで，経済学を勉強する者が必ず覚えなければならない単語とまでいわれることもあるほど重要な概念です。

このゲームではナッシュ均衡はふたつありますが，残念ながらそれがわかってもあまり現実の意思決定には役に立たないと思われるかもしれません。相手が「左に寄る」ならば自分も「左に寄る」方がいいし，相手が「右に寄る」ならば自分も「右に寄る」方がいいとわかっても，結局相手がどちらに寄るのかわからずに同時に決定するのですから，互いに相手の選択を正しく予想しなければいけません。しかし，この「正しく予想する」ことが難問だったりします。プレーヤーたちの予想が一致する「手がかり」を探すことが大切になります。この例では，「自転車は左側通行」という教育が徹底してれば，どちらのプレーヤーもとっさに左に寄るかもしれません。しかし，日本では自転車通行はかなり乱れていますから，この手がかりもあまり助けにならないかもしれませんね。また，向こうからやってくる自転車の乗り手が外国人で，さらに星条旗でも自転車につけていたら，さらに「左」か「右」の選択は難しくなりますよね。

この例のゲームは，プレーヤー間では利害の対立はなく，要するにうまく選択をあわせることができればいい，という特徴を持っています。**コーディネーション・ゲーム** (coordination game) と呼ばれることもあるゲームです。戦略的不確実性が重要な戦略的状況をゲームで表すことの利点は，一見多種多様な現実の

状況を，本質的には同じゲームとして整理できることにあります。コーディネーション・ゲームの例としては，急いでいない歩行者がエスカレーターで左側に立つか，右側に立つか，という問題があります。各歩行者としてはどちらに立っても大差ないのですが，急いでエスカレーターを歩いて進む人のジャマにはなりたくありません。歩行者がみんな同じ予想（たとえば急がない人は左に立ち，急ぐ人は右を歩く）をしていれば，このコーディネーションの問題は解消します。実際，東京ではそのような慣行が成立しているようで，意外にうまくコーディネーションが行われています。ところが，大阪では逆に急がない人は右に立ち，急ぐ人は左を歩く，という慣行になっているようで，梅田駅などではこの予想にしたがってうまくコーディネーションが成立しています。しかし，大阪伊丹空港や新大阪駅では，左側にも右側にも歩行者が立っているというコーディネーションの失敗がよく見られます。大阪の地元の人と他からの旅行者が混在しているために，予想を一致させることが難しくなっているわけです。

　信号機はコーディネーションを達成するための機能をはたしています。青は進め，赤は止まれ，という規則を全員が共有することによって，交差点や横断歩道で自分が見ている信号が青ならば，横切る車は赤で止まる，と予想するので安心して直進することを選ぶことができます。そして実際，信号が赤の側は青の方が進むと予想して，青の方のプレーヤーの予想通りに止まってくれるわけです。だから信号無視の車が突っ込むと大事故につながることになります。

　もう少し微妙な例として，直進車と対向車線を走る右折車の状況を考えてみましょう。どちらのプレーヤーにもGo（直進車

ならば直進する,右折車ならば右折する)と Wait(待つ)のふたつの選択肢があります。どちらのプレーヤーにとっても自分が Go で相手が Wait がベストの結果です。しかし,両方 Go だと衝突してしまって最悪の結果となります。直進車が直進し右折車が待つ(Go, Wait)と,直進車が待って右折車が右折する(Wait, Go)がナッシュ均衡になるのは明らかでしょう。道路交通法では,交差点で右折する場合は直進車両や左折車両の進行を妨害してはならない,と定められています。通常は直進車が優先,ということを運転手が共有している(はずな)ので,うまく(Go, Wait)が成立しています。しかし,たとえば長野県松本市には「松本ルール」「松本走り」という右折車優先のローカルな運転慣習があります。松本市の地元の人はそれを理解していて,(Wait, Go)がうまく成立するのですが,2007 年 2 月 3 日に,松本市郊外を走っていた大型観光バスと右折してきた軽トラックが衝突事故を起こしました。地元の軽トラックの運転手は「右折する自分の方が優先であり,バスの方が止まってくれるはずだと思っていた」のですが,観光バスの運転手はそのようなローカル・ルールを知らなかったわけです。こうして予想が一致しないためにナッシュ均衡が成立せず,コーディネーションに失敗してしまったのです。

5 デートの主導権はどっち？
利害が絡むコーディネーション

さて,直進車と右折車のゲームでも,(Go, Wait)もしくは (Wait, Go)というナッシュ均衡に落ち着いてコーディネーションに成功することが重要ですが,純粋なコーディネーション・ゲームのように利害の対立がまったくないわけではありません。

直進車の方はふたつのナッシュ均衡のうち（Go, Wait）の方を，右折車は（Wait, Go）の方をより望ましいと考えるのが自然でしょう。このようなゲームは**男女の争い**（battle of the sexes）と呼ばれています。この名前は，恋人たちの間の選択問題に由来しています。たとえば男性の方がクラシック音楽のファン，女性の方がロック・ミュージックのファンだとしましょう。ふたりはデートでいっしょにコンサートに行きたいのですが，男性の方はクラシック，女性の方はロックのコンサートに行きたい，いっしょに行くことが最優先ですが，どうせいっしょに行くならば自分の好きな方に行きたい，そんな状況を整理したものです。そういえば，直進車と右折車のゲームは，エレベータや建物の出入り口で鉢合わせになった男女のゲームと共通していますね。欧米だとレディファーストの伝統で男性は女性を先に行かせます（そして女性もそれがわかっています）が，日本では男性がわれ先に進んでいくことが多いですね。日本で「どうぞ」と女性に譲ると，逆にそれを予想していなかった女性に戸惑われてしまうこともあります。

　男女の争いと同様の状況を，企業内，企業間のゲームの例で挙げておきましょう。

(1) 製品の品種を多様にするか，少数に制限するか，という意思決定問題を考えましょう。製造部門としては少品種の方が都合がいいのですが，販売部門としては多品種の方が売りやすいと考えています。もちろん，製造部門と販売部門が異なる戦略を選ぶことは，会社の業績に致命的な打撃を与えるので避けなければなりません。

(2) 2社がそれぞれ自社の技術を業界標準にしようと競ってい

ます。どちらの会社にとっても，業界標準がひとつに決まる方がいいのですが，自社の技術が業界標準となることがもっとも望ましいと考えています。このような状況は，過去にもビデオテープ，CD，DVD，次世代 DVD など多くの事例があり，うまくコーディネーションに成功した場合もあれば，決裂して最終的には市場競争で業界標準が決まった場合もあります。

6 相手の行動を予想できる？
確信ゲーム

男女の争いはコーディネーション・ゲームに利害対立の要素を入れたゲームでした。次の例は，利害対立がないにもかかわらず，コーディネーション・ゲームと比べて選択が難しくなるゲームです。

友人とふたりで待ち合わせをする状況を考えましょう。各プレーヤーにとって選択は，待ち合わせ時間を「厳守」するか，「遅刻」するかのいずれかです。そして，望ましさの順番は次の通りです。まず，ふたりとも「厳守」を選ぶ結果（厳守，厳守）がいちばん望ましいと考えています。最悪な結果は自分は「厳守」しているのに相手が「遅刻」してくる場合です。残りのふたつの結果では自分は「遅刻」を選びますが，相手も「遅刻」してくればそれほど悪いとは感じません。よって，自分は「遅刻」を選び相手も「遅刻」する状況（遅刻，遅刻）が 2 番目，自分は「遅刻」で相手は「厳守」が 3 番目に望ましい結果，となります。

まずふたりとも「厳守」を選ぶ結果に注目しましょう。この結

果は,どちらのプレーヤーにとってももっとも望ましい状態です。したがって,各プレーヤーは自分だけ選択を「遅刻」に変えてもよくなることはありません。つまり(厳守,厳守)はナッシュ均衡となっています。

次にふたりとも「遅刻」する結果に注目しましょう。この状態はどちらのプレーヤーにとっても(厳守,厳守)ほどは望ましい状態ではありません。しかし,各プレーヤーは自分だけ選択を「厳守」に変えても結果は改善しません。そうすると,望ましさの順番が最下位に下がってしまうからです。したがって,(遅刻,遅刻)もナッシュ均衡です。

このゲームにはナッシュ均衡が以上のふたつありますが,おもしろいのは後者の(遅刻,遅刻)というナッシュ均衡の方です。ふたりともそれぞれ自分にとって望ましい状態を実現しようとして決定しています。しかし,両者にとって望ましい(厳守,厳守)という状態があるにもかかわらず,(遅刻,遅刻)状態で落ち着いてしまう可能性を示しています。ふたりとも,自分の方からよりよい状態に移ることができずに悶々と悩まなければならない状態なのです。この落とし穴から脱出するためには,両者が行動をうまく示し合わせて,同時に「遅刻」から「厳守」に変更しなければなりません。しかし自分だけ「厳守」に変わると最悪の結果となるので,「厳守」への変更はリスクが大きいといえます。相手が「厳守」するということに対して,互いに強い確信を持つことが必要なのです。そのため,このゲームは**確信ゲーム**(assurance game)と呼ばれることがあります。

教員と学生の間のゲームも同様です。どちらも「まじめ」に講義を行い,講義を受講する状態がもっとも望ましいと考えてい

るとしましょう。次に，それぞれ相手が「まじめ」を選び自分が「手抜き」を選ぶ状態，3番目が両者とも「手抜き」を選ぶ状態，もっとも望ましくないのは，自分は「まじめ」を選んでいるのに相手は「手抜き」でやっている状態だとします。このゲームでもナッシュ均衡は（まじめ，まじめ）と（手抜き，手抜き）の2つですが，（手抜き，手抜き）という2番目に望ましくない状態で落ち着いてしまう可能性さえ出てきます。

　組織の内部でも同様な問題が発生します。組織ではひとつの作業が滞ることによって，組織全体の作業効率が落ちてしまうことが多々あります。そのように制約となっている作業やプロセスをボトルネックと呼びます。すべてのプロセスが完了しないと終わらないプロジェクト，どの部署からでも情報漏洩が起こってしまうとすべてが無駄になる新技術，わずかでも不純な材料が混入すると価値がなくなる化学製品や食料品，などを想像してみればわかるでしょう。全員が一生懸命がんばることによって組織全体のパフォーマンスがベストになるとしても，誰かが手を抜くとそれに引っ張られて，他のメンバーも手を抜いた方がよくなってしまう，という状況にあります。他のメンバーが最大限の努力をすることへの強い確信がないと，理想的な状況に到達することは難しいでしょう。誰かが手を抜くと，とたんに他のメンバーも手を抜いて，組織全体のパフォーマンスは急降下してしまうことになります。

　特定の銀行に対して経営破綻の噂が流れ，信用不安が生じて預金者が預貯金などを引き出そうと殺到して混乱が生じることがあります。これを「取り付け騒ぎ」と呼んだりします。日本の金融史上最大の取り付け騒ぎは，おそらく昭和金融恐慌を発生さ

せたもので，1927年に全国各地で「銀行が危ない」という噂が広がったことで起こりました。最近では，2003年に「佐賀銀行が倒産する」という事実無根のメールが出回って，取り付け騒ぎが発生した例があります。このような取り付け騒ぎも，確信ゲームのひとつのナッシュ均衡として理解することができます。ふたりの預金者がいて，それぞれ「引き出す」か「引き出さない」かというふたつの選択肢があるとしましょう。互いに相手が「引き出さない」限りは，自分も引き出さずにいた方がよく，実際（引き出さない，引き出さない）は両者にとって最善の結果です。しかし，相手が「引き出す」ときに自分が「引き出さない」と，遅れをとって最悪の結果（たとえば預金が失われる）になってしまいます。互いに相手が「引き出す」ならば自分も「引き出す」方がいいのですが，これは（引き出さない，引き出さない）に比べて，両者にとってあまりいい結果ではありません。しかし，自分が「引き出す」を選ぶことによって，最悪の結果を回避できるのです。こうして，（引き出す，引き出す）という取り付け騒ぎは，リスクの少ないナッシュ均衡として理解することができます。震災後に首都圏でトイレットペーパーや電池が品切れになった現象も，同様に理解することができるでしょう。

7 我慢強さが勝負のカギ

チキン・ゲーム

利害対立の要素が入った典型的なゲームをあと2種類紹介しましょう。まず，**チキン・ゲーム** (chicken game) という名前で知られているゲームです。ジェームス・ディーンが主演のかつての名作映画「理由なき反抗」で，若者たちが崖に向かって猛ス

ピードで別々の自動車を運転し，先に車から飛び降りた方がチキン（臆病者）として屈辱を味わう，という危険なゲームを行っていました。ここでは，もう少し日常的な例で説明しましょう。同居している Jun と Yuki のふたりは，定期的にトイレの掃除をしなければなりません。選択肢は「掃除する」と「掃除しない」です。ふたりとも互いに相手のみが掃除してくれる結果がいちばん望ましいと考えています。最悪の結果は，誰もトイレの掃除をしない場合です。残りの2つの結果の望ましさの順番は，ふたりとも掃除をする結果が2番目，自分だけ掃除をする結果が3番目としましょう。

　このゲームには，Jun のみが掃除するというナッシュ均衡と，Yuki のみが掃除するというナッシュ均衡のふたつがあります。複数の均衡がみつかるのはこれまでのゲームと同じですが，これらの均衡の結果にたどり着くプロセスを考えてみると，チキン・ゲームには「我慢比べ」のような特徴があります。どちらのプレーヤーにとっても，相手のみが掃除をする均衡の方が望ましいので，その均衡にたどり着くことを期待して，自分からはなかなか掃除をしようとしません。するとふたりとも掃除をしない，という最悪の状態になるわけで，汚れていくトイレに対して先に我慢できなくなった方が，仕方なくトイレの掃除する，という均衡に落ち着きます。どこの家庭でも，結局誰がトイレの掃除をするかって，いちばんきれい好きな人がいつもやってませんか？「理由なき反抗」の若者たちも同様に，粘って先に飛び降りなかった方が望ましい結果を得ることになります。が，どちらも飛び降りない状態が続くと，ふたりとも崖から転落するという最悪の結果に終わる可能性も高まります。

売手と買手間や国家間などの交渉プロセスの多くは，チキン・ゲームの特徴を持っています。交渉は，少人数間の経済取引を決定する大切な仕組みのひとつです。商品の買手と電器店の間の価格交渉をはじめとして，賃金，解雇，労働条件などをめぐって労働の売手である従業員と会社が行う労使交渉，プロスポーツ選手と球団との交渉など，安く買いたい買手と高く売りたい売手の間の攻防です。利害対立のみしかないゲームのようにもみえますが，交渉が決裂してしまうと両サイドにとって最悪の結果になりますから，協力の余地もあるのです。時をさかのぼって2006年当時，松坂大輔投手とボストン・レッドソックスは相思相愛の仲で，どちらも期限までに契約を結んで入団を実現させたかったのですが，年俸額の大きな隔たりなどで交渉は難航し，合意にいたったのは交渉期限直前でした。

　交渉には，価値を生み出すという協調の側面と，価値を奪い合うという競争の側面があります。先ほどの松坂投手とボストン・レッドソックスの例でいえば，松坂が西武から移籍してレッドソックスに入団することで，双方に大きな価値が生み出されます。松坂は念願のメジャーリーガーとなる夢を実現させ，レッドソックスは大きな戦力を得るとともに日本（人）の顧客を新たに獲得することになります。しかし，価値の創造には価値の奪い合いという側面が必ずついて回ります。典型的には年俸という松坂の価格をどの水準にするかによって，生み出される価値がどのように分配されるかが決まるからです。それを決める仕組みのひとつが交渉で，交渉では「我慢強い」ことは大きな武器となります。相手の譲歩を引き出して，より望ましいチキン・ゲームの均衡にたどり着く可能性を高めるからです。さらに，互いに相手がどのくらい「我慢強い」のかがはっきりとはわからないので，互いに

「我慢強い」ふりをして，相手から少しでも多くを奪い取ろうとします。しかし，この価値の奪い合いによって，最悪の場合には創造されるはずだった価値が生み出されずに終わってしまうという危険があることにも注意すべきでしょう。互いに相手が知らない情報（この例では，どのくらい自分が「我慢強い」のか）を持つときの交渉については，第7章でもう少し詳しく紹介する予定です。

8 最善の結果は実現できない？
囚人のジレンマ

　この章で紹介する最後のゲームは，**囚人のジレンマ**（prisoners' dilemma）という，おそらくもっともよく知られているゲームです。名前の通り，犯罪者の間で自白するか黙秘するかを選択するゲームに由来するのですが，ここでは競合する2社間の価格競争を例にとって説明しましょう。顧客をめぐって激しい競争を繰り広げるA社とB社ですが，製品にはほとんど品質などに違いがないので，顧客はみんな，価格の安い方の製品を購入すると仮定します。各社にはそれぞれふたつの選択肢があります。「価格維持」と「価格値下げ」です。もっとも望ましい結果は，自社のみ値下げをする場合で，多くの顧客を他社から奪って利潤を増やすことができます。逆に最悪の結果は，相手が値下げして自社が価格を維持する場合です。残りの結果，両社とも値下げする場合と両社とも価格維持をする場合とでは，後者の結果の方が望ましくなります。価格に差がないので顧客の数はあまり変わらず，しかし前者では値下げしているので，両社が価格維持の場合よりも，結局のところ利潤は少なくなってしまうからです。

さて，このゲームでどのように選択するのがよいかは，実は簡単にわかります。競合他社が価格を維持するならば自社は値下げして顧客を奪うことが望ましいですし，他社が値下げするならば，自社も値下げして対抗する方が，価格を維持して顧客を奪われるよりも望ましいことになります。つまり，相手の選択にかかわらず（ここ重要！），自社の最善の選択は「価格値下げ」なのです。そして両社が価格を値下げするという結果（価格値下げ，価格値下げ）が，このゲームのただひとつのナッシュ均衡となっています。

「相手の選択が自分の選択に影響を及ぼす状況での意思決定を扱う」のが本章のテーマでしたが，この特徴を持たないようにみえる上記の価格競争ゲームが，なぜよく知られているのでしょうか。それは，ナッシュ均衡の結果である両社が値下げする状態よりも，両社にとってより望ましい結果があるからです。それは，両社とも価格維持を選ぶという結果（価格維持，価格維持）です。たとえば両社の総利潤で価値を測れば，生み出される価値は，両社が価格維持をする場合の方が大きいのですが，個々の会社が申し合わせすることなく別々に選択を行うことで，生み出される価値は小さくなってしまうのです。

なぜこのようなことが起きてしまうのでしょうか。確かに自社の立場からみれば，相手の選択にかかわらず値下げをする方が望ましくなっており，それは他社も同様です。しかし，さらにここが重要ですが，他社が値下げを選ぶことは，自社に非常に悪い影響を及ぼしているのです。自社が値下げする場合に他社が価格維持から値下げに変更すると，もっとも望ましい結果（価格値下げ，価格維持）から3番目に望ましい結果（価格値下

げ，価格値下げ）に変わってしまいます（ここで，かっこ内の最初が自社の選択，2番目が他社の選択です）。そして，自社が価格維持をする場合には，他社が価格維持から値下げに変更すると，2番目に望ましい結果（価格維持，価格維持）から最悪の結果（価格維持，価格値下げ）に変わってしまうのです。このような影響が互いにあるために，総利潤が減少してしまうのです。

この例では各社の選択肢を「価格維持」と「価格値下げ」の2種類に限定しましたが，各社の選択肢がもっと多く，自由に価格をつけることができるゲームでも，完全に同じではないですが，似たような結果になります。そのことを説明するために，次のような2社による単純な競争を考えましょう。各社は互いに相手の決定を知らずに，自社の価格を同時に決定します。各社の提供する製品は完全に同質なので，すべての顧客は，少しでも安い方の会社から購入します。さらに，各社の製造原価は一定かつ同一（よってどちらの会社もコスト優位性を持たない）であるとします。各社の限界費用は製造・販売量に依らずに一定かつ同一，といいかえることもできます。これは，このモデルを提唱したベルトラン（Joseph L. F. Bertrand）にちなんで**ベルトラン競争**（Bertrand competition）と呼ばれる市場競争のゲームです。

このゲームでは，製造原価よりも高い価格を維持することはできません。競合他社に価格をわずかに値下げされて，すべての顧客を奪われてしまう余地が残っているためです。よって両社とも製造原価（＝限界費用）に等しい価格をつける状態が，唯一安定的な状態，つまりナッシュ均衡となります。いわば際限ない価格切り下げ合戦の結果，両社とも利潤の出ない状況に陥ることを表しています。

「利潤が出ないのになぜ操業し続けるのか」というまっとうな疑問を持った読者の皆さんがいるかもしれません。ここで利潤というのは経済学上の利潤です。たとえば会計上の利潤とは異なり、費用は機会費用を含んでいるので、会計上はプラスの利潤を得ていると考えてください。

さて、ベルトラン競争ではたった2社間の競争でも価格が限界費用まで下がり、われわれ消費者にとっては大歓迎ですが、当の会社にとっては（経済学上の）利潤が出ないのだからたまったものではありません。経営戦略の視点からは、このような「ベルトランの罠」から抜け出して利潤を上げることができるように、ベルトラン競争ゲームの前提を注意深く確認して、その前提をどのように変えるとゲームの結末がどのように変わるのか、を分析することが大切になります。この章の残りの節で詳しく説明します。

ベルトランの罠から抜け出すひとつの方法は、カルテルや談合によって高い価格を維持することです。お互いに高い価格をつけようという約束を両社が破らないのは、仮に談合を抜けて価格切り下げを行うと、ベルトラン競争によって利潤の出ない状況に陥り、結局損になることがわかっているからです。このような違法な談合によって消費者が不利益を被る問題を是正するために、2006年の改正独占禁止法で「課徴金減免制度」と呼ばれる仕組みが導入されました。これは、会社が自らが関与したカルテルや談合について、公正取引委員会の立ち入り検査前に報告すれば、その会社に対する課徴金（罰金）を減免するという制度です。たとえば最初に報告した会社の課徴金は100％減額され（つまり払わなくてもよくなり）ます。この制度は、囚人のジレンマにおける

囚人のように，カルテルや談合について報告（自白）するという選択を他社の選択にかかわらず魅力的なものとして，談合崩しに貢献しています。

9 ゲームは変えられる！

　さて，ふたりのプレーヤーのそれぞれに2種類の選択肢がある戦略的状況に主に限定して，いくつかのゲームを紹介してきました。ゲーム理論の強みのひとつは，多様な戦略的状況をいくつかの典型的なゲームとして整理できることにあります。それによって，一見異なるようにみえる多種多様な現実に共通の本質があることがわかります。「この状況はチキン・ゲームだね」というふうに。それによって，その状況を論理的に理解し，どのように対処すべきかを考えることができます。たとえ一度や二度失敗したとしても，このような理解ができれば同じ失敗をさらに何度も繰り返すことはないでしょう。

　しかし，ゲーム理論には現実をゲームとして整理する以上の力があります。それは「ゲームを変える，設計する」という視点です。自分の直面する戦略的状況が，あるゲームで表されたとしましょう。そして，そのままのゲームでは，必ずしも自分にとって望ましい結果を期待できないとします。その場合には，自分にとって有利に，そして場合によっては相手にとってさえ有利に，ゲームを変えることを考えるべきなのです。

　利潤の上がらない価格競争に陥りそうな競合2社は，以下のようにベルトラン競争ゲームを変えることによってベルトランの

罠から抜け出し，より多くの利潤を確保できる市場ゲームにすることができます。

(1) コスト優位性を手に入れよ。
(2) 製品を差別化せよ。
(3) 顧客が売手を変えることを困難にせよ。
(4) 十分すぎるほどの生産能力を持つな。

経営戦略では，(1)と(2)はそれぞれ「コストリーダーシップ」「差別化」と表現され，基本的な戦略として紹介されています。メンバー制やポイント制の導入は，(3)の例として理解することができます。よく知られているのは航空会社のマイレージクラブや，ビックカメラ，ヨドバシカメラ，ヤマダ電機，コジマ電機など家電大手が発行するポイントカードなどでしょう。競合各社がこのような制度を導入することによって，価格以外の面に競争をシフトさせて利潤を確保できる可能性が広がり，結果として業界全体に恩恵をもたらす可能性が出てきます。

また，一見自社に不利にみえる(4)によって，ベルトランの罠から抜け出せる可能性が生まれます。生産能力があまり高くなく，価格切り下げによって需要が拡大できたとしても生産が追いつかなければ，競合他社の高価格維持に対して，自社が価格切り下げを行うことは望ましい反応ではなくなるからです。生産能力が不十分で，かつそのことを周囲にアピールすることによって，競合他社に対して「わが社から価格切り下げは行わないよ」という信憑性あるメッセージを発することになるわけです。

このようにゲームを変えることによって，どのような論理でベ

ルトランの罠から抜け出せるのか，抜け出せるためにはどのような条件が必要か，などを厳密に分析するためには，舞台裏でゲーム理論的な分析が必要になってきます。たとえば，(4)についてさらに理解を深めるために，次のような2段階ゲームを考えてみましょう。まずゲームの第1段階では，各社は同時に生産能力を決定します。第2段階では，互いに相手の生産能力を観察してから，同時に価格を決定します。このような2段階ゲームを厳密に分析することは容易ではありませんが，ある条件下では，この2段階ゲームの結果は，**クールノー競争**（Cournot competition）と呼ばれる1段階のみの市場競争ゲームの結果と一致することが知られています。クールノー（Antoine A. Cournot）は，この1段階モデルを最初に分析した経済学者の名前で，クールノー競争ゲームでは，各社は互いに相手の選択を知らずに自社の生産量を決定します。市場価格は，総生産量とちょうど等しい量が売れる水準に決まります。実際この市場競争ゲームの安定的状態（ナッシュ均衡）では，各社は完全に同質な製品を供給しているにもかかわらず，正の利潤を上げることができます。ただし2社間の競争によって，両社の利潤の合計（共同利潤）を最大にする独占価格に対応する生産量と比べて，各社は過剰に生産を行い，市場価格は独占価格よりは低くなってしまうこともわかります。つまり，両社で協力して利潤をもっと高める余地はまだ残っているのです。このように，ゲーム理論は経営戦略の策定にも役立つのです。

10 先読みでゲームを変える

　ゲームを変える際に重要なのが,「先読み」という考え方です。ゲームを変えたときに,どのように相手が反応するか,相手の選択および自分の選択がどのように変わるか,などをまず先読みして理解する,その後で,どのようにゲームを変えるかという今の選択を考える,というふうに,時間の流れと逆に段階をふむ考え方です。とくに注意すべきなのが相手の反応や選択を予想するときで,相手がどのような目的や利害によって行動するのかを理解して予想しなければなりません。われわれは,意外と安易に相手が自分にとって都合よく動いてくれると考えがちですが,相手の目的や利害は自分のそれとは異なることをよく理解することが大切です。

　次のようなアドバイスが生まれることからもわかるように,戦略的状況であるかどうかにかかわらず,われわれは将来を見越して今行動する,ということが苦手なようです。僕も50歳を過ぎてから,ようやく定年後のことを考えるようになりました。

> 現役でいられるのは長くても37～38歳まで。残りの人生の方が圧倒的に長いのです。ですから選手たちには野球のことしか考えない「野球ばか」になるなよと教えてきました。特に30歳を過ぎた選手には,「引退後のことまで考えて今日という日を生きろ」と強く伝えてきたのです（野村克也）。

　相手がいる場合には,相手の目的や利害を考えなければならないので,先読みはいっそう難しくなります。1990年後半のイラ

クのクウェート侵攻が予想されていなかった理由のひとつは，サダム・フセインの目的や利害を理解することが難しかったことにあると思われます。また，支持者，国会議員，党員，そしてメディアや有権者の反応を少しでも先読みして考えれば，政治家の失言の多くは発言されるはずはなかったと思うのですが，彼らは何を考えていたのでしょう。一方，われわれの多くが麻薬やたばこに手を出さないのは，それらを経験した後の将来の自分という別のプレーヤーが，常習者となってやめることができずに苦しむことを先読みできるので，今の自分にとって最善な決定をしていると理解することができます。

　戦略的状況では，常に相手がいますから，一見自分に不利にみえるような選択によって相手の選択を変え，最終的には自分に有利な結果に導くことができます。僕が昔勤務していた大学の学部長選挙で，ある年長教員がサポートする候補を学部長にするために，「最初の投票では2位で決選投票に持ち込み，決選投票で3位以下の候補に投票した教員の票を集めて勝つ」という筋書きを立て，実際その通りに事が運んでびっくりしたことがあります。

　具体的な分析例として，『LIAR GAME』という漫画に出てくる「少数決ゲーム」を考察しましょう。この漫画では，お人好しな女子大生がある日突然，謎の組織が主催する「LIAR GAME」に巻き込まれてしまいます。第1回戦は「1億円奪い合いゲーム」，第2回戦が「少数決ゲーム」です。以下の秋山は天才詐欺師として登場し，ゲームに参加します。

　ここでは話を少し簡単にして，春川，夏谷，秋山という3人のプレーヤーがいるとしましょう。この3名は互いに相手の選択を知らずに，同時にA案かB案のいずれかに投票します。票

が2名と1名に割れた場合には,少数派になったプレーヤーの勝ち,多数派のプレーヤーの負けです。3名とも同じ案に投票した場合には引き分けとします。どのプレーヤーにとっても結果の望ましさは,勝ち,引き分け,負けの順番です。

この3人の少数決ゲームには,ナッシュ均衡が6つもあります。3名のうちそれぞれ1名がA案に投票して少数派となる3つの結果と,B案に投票して少数派になる3つの結果です。少数派となっているプレーヤーは,選択を変更しても得をしないのは明らかです。多数派となっているプレーヤーは,自分の選択を変えても負けという結果は変わりません。たとえば,春川がA案,夏谷,秋山がB案に投票するという結果について,秋山がA案に変更しても,今度は少数派が春川から夏谷に変わるだけで,秋山は得をしないわけです。よってこのような結果はすべてナッシュ均衡です。ナッシュ均衡がわかっても,自分が勝てるかどうかには関係なさそうですよね。

漫画ではこの状況で,秋山が「俺はA案に投票する」と宣言し,A案と書いた投票用紙を全員にみせて投票箱に入れてしまいました。つまり,B案に投票するという選択肢を自ら先に放棄し,そのことを他のプレーヤーに伝えたわけです。これによってゲームはどう変わったのでしょうか。ゲームは,春川と夏谷の2人ゲームになりました。4種類の結果を(A, B)というふうに書きましょう。これは春川がA案,夏谷がB案に投票することを意味し,この場合は夏谷が勝ち,春川と秋山が負け,となります。残りの結果は(A, A)ならば引き分け,(B, A)ならば春川の勝ち,そして(B, B)ならば秋山の勝ちです。春川の立場で考えると,夏谷がA案に投票するならばB案に投票することで勝てます。しかし,夏谷がB案に投票するならば,春川はA案

に投票してもB案に投票しても負けとなります。つまりB案に投票するよりもA案に投票することで，結果がよくなることはありません。唯一勝てる可能性は，B案に投票したときに生まれます。夏谷の立場も同じです。両者がそのように考えてB案に投票すると，最初にB案に投票する選択肢を放棄した秋山の勝ちになるのです！

　なお，この春川と夏谷の2人ゲームのナッシュ均衡は，(B, B)のみではなく，(A, B)，(B, A) の3つです。一方がB案に投票するならば，もう一方のプレーヤーはA案に投票してもB案に投票しても負けで無差別ですから，このような結果になります。上記の議論は，勝つことが決してないA案に投票することの根拠が弱いことから，(B, B) に落ち着く可能性が高いことを指摘しているのです。

　実際の漫画でも同じような結果でした。秋山以外のプレーヤーは何とか協力して彼が勝てないようにしたいのですが，そのためには誰かが秋山と同じA案に投票して負けなければなりません。こうして彼らは疑心暗鬼となり，秋山のゲームを変えるという視点に敗れたのでした。

⑪ 自分を縛ることでゲームを変える
コミットメント

　JunとYukiのトイレ掃除チキン・ゲームでは，「掃除する」という選択肢を何らかの方法でなくしてしまった方の勝ちです。もちろん，選択肢がないことを相手に知らせなければなりません。それによって，相手は「掃除する」を選択せざるをえなくなり，

自分にとって望ましい方の均衡に到達するからです。このように，自分の選択の余地をなくして「掃除しない」という行動に自分を縛りつける（コミットする）ことが，自分にかえってプラスとなることがあります。

コミットメント（commitment）というコトバは，辞書では「かかわりあうこと」「ゆだねること」「委託」「委任」「公約」「誓約」「約束」などと説明されています。単なる約束や参加ではなく，絶対にやり遂げるという固い決意を伴う約束や参加なわけです。日産自動車のカルロス・ゴーンがよく用いたコトバですが，彼によると，コミットメントは達成するべき目標（必達目標）のことで，ひとたびコミットしたら予期せぬ状況変化がない限り，達成しなければならず，未達成の場合は具体的な形で責任をとらなければなりません。

このように自分を縛ることは，いいかえれば柔軟性やオプション（選択肢を残しておくこと）をあえてあきらめることを意味しますから，何のメリットもないようにみえます。しかし，相手がいる戦略的状況では，自分のコミットメントを相手に知らしめて信用させることによって，相手の選択に影響を与え，結果的に自分に有利な結果に導くという戦略的なツールとなりうるのです。「少数決ゲーム」でも，秋山が単に「A案に投票する」と宣言するだけではなく，実際にそのことを誰もがわかる形で実行しているからこそ，信憑性あるコミットメントとしての効果を持ったのです。核開発競争の分析などへのゲーム理論の応用で 2005 年にノーベル経済学賞を受賞したトーマス・シェリング（Thomas C. Schelling）の次のコトバが端的に表現しています。「相手を抑止できるかどうかは，自らを縛れるかどうかにかかっている」。

親から毎月の仕送りをもらっている学生さんは,月半ばで不足したら追加の仕送りを催促するかもしれません。しかしこれに安易に応じていては,子どもはきちんと予算を立てて計画的に使うことを怠るでしょう。月の初めにのみ決まった額を仕送りする,という選択以外ができないようにすれば,子どもの支出計画も改善するでしょう。単にそう宣言するだけでは不十分です。親にとって子どもはかわいいですから,不足して困っていることがわかったら前言撤回,月の半ばでも追加で仕送りをしてしまいそうです。もしも銀行に,「毎月月初めに一定金額を自動的に振り込む」という仕組みがあれば,それを利用して,かつ,その時期以外の子どもとの連絡を絶ってしまえば(そしてそのことを信憑性のある形で子どもに理解させられれば),選択肢をなくすことができます(ちょっと危険な手ですが)。

会社があえて多角化せずに狭い分野に特化する理由のひとつとして,その分野へのコミットメントの効果を指摘することができます。かつてポラロイドという会社は,一般的なフィルムやカメラなどの分野に多角化せずに,撮ったその場で写真をみることができるというポラロイドカメラに特化していました(デジタルカメラ以前の時代です)。ポラロイドカメラの分野に参入を考える他社(たとえばコダック社)に対して,「参入してきたら決死の覚悟で競争する」ことを信憑性のある形で伝え,それによって他社の参入を阻止するためです。

ベルトランの罠から抜け出すために生産能力を制限するのも,コミットメントによってゲームを変える例です。互いに価格切り下げを行っても利潤が上がらない状態に自社を縛ることによって,この例では両社にとって望ましい高価格の状態を維持できるようになるのですから。

また，戦略的なコミットメントの考え方は，知らないことがかえってプラスになりうることも示唆しています。ある職場では，課長の意識改革のために最長3カ月間のリフレッシュ休暇を導入しました。「3カ月も休んだら課はどうなる」と心配した課長もいましたが，課長がいざ休暇を取ったら，かえって業績が向上する部署もあったそうです。その理由は，本来課長がはたすべき職責をはたさずに課員に任せるべき仕事をしていたからです。任せるということは難しくて，ついつい後で口を出したりしてやる気を削いでしまいがちですが，休暇によって任せるべきことを任せることが可能になり，課員のやる気も出て全員にとっていい方向にゲームが変わった例といえそうです（この問題については，第9章でさらに詳しく扱っています）。

　さらに，われわれの頭のなかでも同じようなゲームが起こっています。健康に留意しダイエットすべきと考える理性的な自我と，食べたいという欲求に左右され，間食しようとする自我との間のゲームでは，理性的な自我は，間食を妨げ運動の機会をつくろうとさまざまな手段を講じます。職場には弁当持参で，間食のためのお金さえ持たないようにしたり，自宅の最寄りの駅ではなく，そのひとつ先の駅からの定期券を購入して，毎日ひとつ先の駅と自宅とを歩いて往復せざるをえないようにする，というのは，選択肢をなくすことでゲームを変える例です。僕は毎年夫婦で人間ドックに申し込んで，病気のリスクを回避するのみならず，自分の規律づけにもしています。もっとも人間ドックが近づくと体調を整えようと節制するのは理性的でない方の自我のやることで，体の異常が早めにみつかる方が長期的には望ましいと考える理性的な方の自我に，ゲームをもっと変えてもらう必要がありそうです。

ここまで第2章でひとりの意思決定，この章では主にふたりの意思決定を分析してきました。次の第4章では，もっと多数の人の意図が交わる場所——市場——の分析に，読者の皆さんを誘うことにします。

第4章

多数の意図が交差する場所
~市場の成功と失敗~

1 大勢が参加する「市場」

ここまでの章では，ひとりの意思決定（第2章），ふたりのゲーム（第3章）という，主に関係者が少人数の状況での問題を扱ってきました。売手と買手の取引でいえば，どちらかというと会社間取引（B2B）に当てはまりがいい状況です。もちろん，家電ディスカウント・ストアで客と店員が交渉する場面にも当てはまりますが，典型的な会社と一般的な消費者との取引（B2C）を分析するためには，多数の消費者からなる**市場**（market）を考える必要があります。

経済学の「市場」とは，築地市場，フリーマーケット，証券取引所のような特定の場所としての市場（いちば）というよりもむしろ，ある製品やサービスの売手と買手が自発的に交換を行うための，抽象的な概念として扱われています。そのために，ひとつひとつの製品やサービスごとに対して別々に市場を定義します。したがって，雑多なものが売られているフリーマーケットのままでは，経済学における市場としては分析できないということになります。

本章では，買手として普通の消費者，つまり製品を購入して自分で使う，もしくはサービスを受けるためにお金を払う（つまり消費する）人々が多数いる状況を考えます。このような消費者のことを，経済学の業界用語では**最終消費者**（final consumer）と呼んだりします。以下では，製品やサービスを**財**（goods）と呼ぶことにします（これも経済学の業界用語です）。ある財についての消費者の意思決定の結果，その財の**需要関数**（demand function）と

呼ばれるものが得られます。ここで関数とは，ある決まった値をインプットとしてひとつ与えると，それを変換して別の値をただひとつのアウトプットとして返すものです。一例として，インプットとして摂氏の温度の値を与えると，アウトプットとして華氏の温度の値を返す関数を定義することができます。財の需要関数は，各価格水準に対して，その価格水準の下で消費者に需要される量を値として返すものです。ただしその需要される量が，個々の消費者が需要する量なのか，各消費者が需要する量を集計した，市場全体が需要する量なのか，を区別しなければなりません。前者を個別需要関数，後者を市場需要関数と呼んで区別することもあります。

この需要関数を使って，会社が1社しかない場合と，会社が多数存在する場合について，どのように価格が決まるか，そして価格，生産，消費の水準がどのように評価されるかを考えてみましょう。これらは標準的なミクロ経済学の授業ならば，ほぼ確実に学習する内容です。詳しい説明は教科書と授業に任せて，ここではできるだけわかりやすく，イメージをつかんでもらうことに重きを置いて説明します。

2 いくらならラーメンを食べる？
個人の留保価格

まず，消費者の意思決定を考えましょう。最初の具体例として，こだわりの「しょうゆラーメン」ただ1種類のみを提供する某ラーメン屋のラーメンを，1日に1回食する人たちを消費者とします。さらに，このこだわりラーメン屋のラーメンを1日に2回以上食する人はいないということにしましょう。実は，

そのような希有な人がいても分析に大きな変化はありません。実際第2章の4, 5節では, 生ビール中サイズ (生中) を何杯飲むかという意思決定問題を分析しました。しかしここではできるだけわかりやすい状況にしたいので, 1日に最大1回と仮定することにします。これも, ここで分析したいより本質的な部分を切り取るためのモデル化です。すると, 各消費者の選択は, こだわりラーメン屋のしょうゆラーメンを食べること (1単位の消費) と, 食べないこと (ゼロ単位の消費) の二者択一になります。

第2章の2節までは, ひとりのラーメン消費者の意思決定を考えてきました。ここでは第2章より簡単な状況を扱っています。なぜなら第2章では,「しょうゆ」以外に「みそ」や「しお」の選択も可能だったのですが, ここでは「しょうゆ」のみだからです。しかし, これからたくさんの消費者の決定を考えていくので, ここでは思い切って, 各ラーメン消費者は, このお店のしょうゆラーメンがある価格以下ならば食する, という決定を行うと考えることにしましょう。この価格のことを, この消費者のしょうゆラーメンに対する**留保価格** (reservation price) と呼びます。次のような質問をこの消費者に投げかけていけば, 留保価格はだいたいわかります。

質問者: 「タダだったらしょうゆラーメン食べる?」
消費者: 「もちろん!」
質問者: 「1000円だったら?」
消費者: 「そりゃ高すぎるでしょ。生協に行くよ。」
質問者: 「じゃ500円なら?」
消費者: 「生協の方が安いけど, あそこのしょうゆラーメンの方を選ぶね。」

質問者: 「じゃ 800 円なら？」
消費者: 「だんだん答えるのが難しくなってきた…。やっぱ高すぎるね。」
質問者: 「650 円なら？」
消費者: 「うーん…。」

この消費者の留保価格はだいたい 650 円ってことで。

なお第 2 章の 4，5 節のビール生中を何杯飲むかという意思決定問題では，生中追加 1 杯を消費するために支払ってもいいと考える最大額を，限界便益と呼んでいました。しょうゆラーメンの留保価格は，生中の最初の 1 杯の限界便益に対応します。ただし生中の場合には何杯飲むかが問題で，それまでの生中の消費量が増えるにしたがって，追加 1 杯の限界便益は減っていきます。ここではしょうゆラーメンを食べるか食べないかの選択のみを考えるので，留保価格という用語を使っています。

3 払えるお金は人それぞれ
市場での需要を探る

さて，このラーメン屋がそれなりに評判の店だとすると，毎日多くの人がここのしょうゆラーメンを食べに行くかどうかの選択に直面しているわけで，しかもそのなかには実際には店に訪れない決断をした人もいるはずです。だから本当は「ラーメン消費者」ではなく，「このラーメン屋のしょうゆラーメンに対する潜在的消費者」とでも呼ぶべきですが，面倒なので「ラーメン消費者」と呼び続けることにします。「このラーメン屋のしょう

ゆラーメンを消費するかどうかを考えて決定を下す消費者」という意味です。さらに，消費者の留保価格は全員同じとは限りません。650円以下ならば食するという消費者も多数いるでしょうが，500円以下でなければそれよりも安い生協に食べに行ってしまう価格にうるさい消費者や，800円でも食べに行くというひいきの消費者も，それぞれ多数いるはずです。

そこでラーメン屋としては，しょうゆラーメンの価格を決定するためには，いくらの価格水準にしたときにどのくらいの消費者が食べに来てくれるか，を知りたいと思うはずです。これが，この章の冒頭でもふれた**市場需要関数**（market demand function）です。市場需要関数とは，異なる価格水準それぞれに対して，その価格のときの需要量（ここではラーメンを食べに来る消費者の数）を指定したものです。簡単な例として，次のような状況を考えましょう。ラーメン消費者が5人いて，それぞれの留保価格が900，800，650，650，500円とします。すると，市場需要関数は次のようになります。

- 価格が900円より高いならば，需要量はゼロ。
- 価格が900円以下かつ800円より高いならば，需要量は1。
- 価格が800円以下かつ650円より高いならば，需要量は2。
- 価格が650円以下かつ500円より高いならば，需要量は4。
- 価格が500円以下ならば，需要量は5。

たとえば価格が700円だとしましょう。このときラーメンを食べに来るのは，留保価格が900円の消費者と800円の消費者のふたりです。価格は上記の3行目の範囲に入っていますから，

そこにあるように需要量は2となるわけです。本書は図を描かない方針なので、ぜひ自分でグラフを描いてみてください。経済学の業界では縦軸を価格、横軸を需要量などの数量とします。

この市場需要関数の重要な特徴として、価格が下がっていくと需要量が増加していく、という点に注目してください。厳密には、たとえば価格が900円以下かつ800円より高い範囲にあるときには、価格が下がっても需要量は1で一定ですから、需要量が増加するとは限りません。一定の場合も含めています。なので正確には、価格が下がったときに需要量も下がるような部分がない、という特徴になります。この特徴は、実はひとりの消費者のときにも成り立っています。たとえば留保価格が800円の消費者は、価格が800円より高ければこの店のしょうゆラーメンを食べず、800円以下になれば食べるわけです。よってこの消費者の需要量は、価格が800円より高ければゼロ、800円以下ならば1、となっています。つまり、価格が下がっていくときに需要が減少するようなことはありません。一定か、もしくは0から1に増加するかのいずれかです。個々の消費者に対して成り立つ関係が、市場需要関数でも成り立っているのです。

なお、価格が上がれば需要量が下がるのは当たり前だと思うかもしれませんが、なんと価格が下がると需要量も下がってしまう**ギッフェン財**（Giffen goods）と呼ばれる財もあります。教科書や授業で勉強してください。

ラーメン消費者の例では、1日のラーメン消費に限定して、それぞれの消費者はラーメン屋でその日に1回食べるか食べないか、という二者択一の問題になっていました。もしも1カ月間の消費量となると、単純に食べるか食べないかではなく、何回食

べるか，ということも関係してきます。それぞれの消費者の意思決定問題も難しくなりますが，多数の消費者の意思決定を集約した市場需要関数でも，各価格水準に対する需要量は消費者の数ではなく，各消費者が需要する量の合計，という関係になります。

具体的な例として，第2章の4, 5節の，生ビール中サイズを何杯飲むかという意思決定問題を思い出しましょう。その「飲み放題」ではないケース（5節，36頁）で説明されたように，ひとりひとりの消費者は，もう1杯消費することで得られる追加の満足度（限界便益）と，もう1杯消費することで増加する追加支払額（限界費用）を比較して，ビールの消費量を決定します。ビール1杯の価格が変われば追加支払額も変化しますから，各価格水準ごとに，この消費者のビール消費量を求めることができます。この関係を，すべての消費者について足し合わせると，ビールの市場需要関数が得られます。

ここまで読んできて，「確かに市場需要関数が大切なのはわかるが，現実にはそんな関係がわかるわけないだろ」と突っ込む読者がいるかもしれません。ラーメン屋も飲み屋も，現在の価格でどのくらいの需要量があるかは，しばらくその価格で営業していればだいたいわかるものです。しかし，市場需要関数を得るためには，さまざまな価格水準に対する需要量を知る必要があります。一部のファストフードチェーンや，アマゾンのようなオンラインストアは，ときどき牛丼やハンバーガーの価格を思い切って動かしたり，顧客にさまざまなディスカウントを提供することによって，需要がどのくらい変動するかを探っています。僕はアマゾンのショッピングカートにさまざまな商品を入れっぱなしにしていることが多いのですが，それらの価格は（本以外は）とき

どき上下に変動しています。このように,現実には試行錯誤して市場需要関数を探ることになります。ですから「現実にはわからないから,市場需要関数という概念を知らなくてよい」ということではなくて,そのような概念を理解して,それを探ろうとすることが大切だということがわかります。また,次の会社側の意思決定の際に説明しますが,市場需要関数の全体像がわからなくても,現在の価格の周辺で価格を動かすことで,どのくらい需要量が変動するかがわかるだけでも,価格決定の際に大きな武器となるのです。

4 売手が買手を独り占めできる場合

ここまでは買手である多数の最終消費者の決定を分析してきました。次に売手である会社の決定を考えましょう。この章では,まず会社が1社しかないという状況を考え,次に同じ製品・サービスを提供する会社が非常に多数存在しているという状況を考えます。ちなみに,これらふたつの両極端な状況の間に位置する,比較的少数の会社が競争している状況は,前章の8, 9節で紹介したベルトラン競争,クールノー競争のように,ゲーム理論による分析を必要とする状況です。

まず,売手が1社の場合を考えましょう。このような市場は**独占** (monopoly),そしてこの売手は**独占企業** (monopolist) と呼ばれます。たとえば,上記のこだわりラーメン屋を独占企業とみなして分析することができます。実際には生協や他のラーメン屋,さらにラーメン以外の食事も選択肢にありますから,本来は

こだわりラーメン屋と消費者とからなる「市場」を独占と呼ぶことはできません。こだわりラーメン屋が価格決定をする際には，生協をはじめとする他の食事処の価格決定等々を無視することができないからです。これはゲーム理論の世界になります。しかしここでは，しょうゆラーメンに対する市場需要関数を使って，こだわりラーメン屋がどのように価格を決定するかを考えるために，独占であると仮定してみることにします。

（ゲーム理論とは直接関係ない）ゲーム機器市場でも，任天堂はニンテンドー DS の販売者としては独占の立場にいます。しかし，消費者はソニーなど他のゲーム機，さらにはパソコンや携帯でのゲームなど，DS の代わりに消費することのできる製品があるわけですから，その選択の段階では，任天堂は独占企業とはいえないわけです。独占だと思って安心していたら，いつの間にか競争相手とは思っていなかった会社にシェアをとられる，ということもあるので注意が必要です。

しかし，いったんニンテンドー DS を購入して遊んでしまうと，DS のためのソフトを購入して楽しむことになり，また他のゲーム機器に浮気することは難しくなるかもしれません。同様に，いったんマイクロソフトの Windows に習熟してしまうと，アップルの Mac に移行することは難しくなり，Windows とそこで動くソフトウェアを使い続けることになります。また，プリンタを購入する段階では，どの機種を購入するかについてさまざまな選択肢があります。しかし，いったんキヤノンの某プリンタを購入すると，そのプリンタを利用し続けるためにはカートリッジを購入しなければならず，カートリッジの購入についてはキヤノンの立場はほぼ独占者に変わるのです。このような現象は■

ックイン (lock-in) と呼ばれています。任天堂やマイクロソフトやキヤノンは，このようにロックインされた消費者に対しては，独占企業として振る舞うことができるのです。

5 どうやって販売価格を決めるか
利潤と費用と需要量の関係

さて，こだわりラーメン屋を独占企業とみなした場合，ラーメン屋の1日の総利潤は次のようになります。

$$総利潤 = しょうゆラーメンの価格 \times 需要量 - 総費用$$

総費用のなかには，需要量の変動にかかわらず一定額かかる費用と，需要量に依存して変化する費用とがあります。前者は**固定費用** (fixed cost)，後者は**可変費用** (variable cost) と呼ばれます。1日の電気代，店員への賃金などは前者の例，ラーメンの材料費などは後者の例です。説明を簡単にするために，総費用は次の式で書けると仮定しましょう。

$$総費用 = 100 円 \times 需要量 + 固定費用$$

ここで100円は，しょうゆラーメンが1単位（どんぶり1杯）売れるたびにかかる費用です。この1単位当たりの費用（限界費用）が100円で一定と仮定しています。

それでは，ラーメン屋はしょうゆラーメンの価格をどのような水準にすればいいでしょうか。ラーメンが1単位余分に売れれば，ラーメン屋の利潤は(価格 -100)円だけ増加することになります。この値を**マージン** (margin) と呼びます。

$$\text{マージン} = (\text{価格} - 100)\text{円}$$

マージンは価格が高いほど大きいことに注意しましょう。つまり，価格が高ければ高いほど，1単位余分に売れることによる利潤の増分は大きくなります。「じゃ，できるだけ高い価格にすればいいじゃない」と早合点してはいけません。もちろん，世の中はトレードオフ（二律背反，一方を立てると他方が立たない。第2章2節，27頁も参照）で満ちています。市場需要関数の特徴を思い出してください。価格が高くなると需要量は反対に減少していきます。総利潤の式を，総費用とマージンの式を使って次のように書きかえましょう。

$$\text{総利潤} = \text{価格} \times \text{需要量} - 100\text{円} \times \text{需要量} - \text{固定費用}$$
$$= \text{マージン} \times \text{需要量} - \text{固定費用}$$

価格を上げるとマージンは増えていきますが，需要量は減っていきます。したがって，残念ながら際限なく価格を上げていけばいいというわけではないですね。

となると，こだわりのラーメン屋としては，価格を上げると需要量がどのくらい減少するかを知りたくなりますね。たとえば「価格を10円上げたとき，需要量はどのくらい減少するか」です。しかし，この値は価格の単位（円），需要量の単位（杯）が変わると変化してしまいます。たとえば需要量を「杯」の代わりに「リットル」で測ると，全然違う値になりますよね。そこで経済学では，「価格を1%上げたとき，需要量は何%減少するか」というふうに，価格の変化と需要量の変化を，価格の変化率，需要量の変化率で測ることによって単位の影響を取り除きます。こうすれば，ラーメンの需要量を「杯」で測ったとしても「リット

ル」で測ったとしても，同じ値が得られるわけです。こうして得られた値を，経済学の業界用語では**需要の価格弾力性**（price elasticity of demand）と呼んでいます。

　少し込み入った話になってしまいましたが，需要の価格弾力性は，ミクロ経済学の入門講義で必ず登場する概念です。しかし，何か難しそうな概念でもあります。基本的には，価格の変化と需要の変化を関係づけるものですが，上記のように変化率で測っているので，かえってわかりにくいのかもしれません。でもこの需要の価格弾力性を理解すると，独占企業の価格決定への理解が格段に進みます。たとえば，需要の価格弾力性がわかれば，現在のしょうゆラーメンの価格を 100 円値上げすると，収入（＝しょうゆラーメンの価格 × 需要量）がどのくらい減少するか，ということがわかったりします。また，費用情報も考慮すると，利潤を最大にする価格の水準を求めることもできます。興味を持った読者の皆さんは，ぜひミクロ経済学の入門書をひもとくか，講義に出席して勉強しましょう。一見近寄り難い需要の価格弾力性にも少しは親しみがわくはずです。

6　消費者の好みによって価格を変える
価 格 差 別

　独占企業は，需要の価格弾力性を利用して，もう少し巧みな価格戦略を仕掛けることもできます。というのは，ここまでのお話では，すべての消費者に同一の価格をつけるという価格戦略に限定してきたからです。しかし独占企業には，もっと利潤を高める価格戦略が利用可能な場合があり，現実に多くの企業がそのよう

な戦略をとっています。

　現実的な価格戦略を説明する前に，まず思考実験として，ラーメン屋の店主には，顧客の顔の上に彼／彼女の留保価格がみえるという仮想の世界を考えてみましょう（漫画『DEATH NOTE』で，死神の目を手に入れると，人間の顔をみるだけでその人の名前と寿命がわかるように）。となるとラーメン屋の最善の選択は明らかです。客ごとにその客の留保価格から少額（たとえば 10 円）差し引いた額をその客へのラーメンの価格として請求すれば，利潤をほぼ最大にできます。これは顧客ひとりひとりに異なる価格をつける戦略で，経済学の業界用語では**一次価格差別**（first-degree price discrimination），**完全価格差別**（perfect price discrimination）などと呼ばれます。

　次に現実的な例として，グループ価格差別戦略を紹介しましょう。**三次価格差別**（third-degree price discrimination）などと呼ばれるものです。そのアイデアは，ひとりひとりの留保価格がわからなくても，留保価格が平均的に高いグループと低いグループとがわかれば，グループごとに異なる価格をつけることで利潤を増やすことができる，というものです。たとえば某大学キャンパス近辺に位置するラーメン屋は，「学生に対して 150 円割引」という価格戦略をとることができます。しがない大学教員よりも学生の方が 150 円安い価格でしょうゆラーメンを食することができる，というわけです。この戦略が利潤を高められるのは，学生の方が大学教員よりも留保価格が低い，つまりラーメン屋でしょうゆラーメンを消費するかどうかを分ける価格が，学生の方が低い場合です。より一般的には，学生の方が大学教員よりも需要の価

格弾力性が大きい場合に対応します。このような状況では、ラーメンの定価を少し値上げする代わりに学生割引を導入することによって、ラーメン屋は同一価格戦略よりも利潤を増やすことができるというわけです。

ただし、しがない（しかし見た目はとても若い）大学教員が学生のふりをして割引価格でラーメンを食することを防ぐために、学生証の提示を義務づける必要があります。また、ラーメンに興味がない学生がラーメンを食べたい若手教員に缶ジュースと引き替えに学生証を貸す、ということが起こると、価格差別の効果が弱まってしまうので注意が必要です。

このようなグループ価格差別戦略は、個別価格戦略を行うほど十分な情報がなくても可能な戦略ですから、例は多数あります。映画館でのレディースデーやシニア割引、ケーブルテレビやインターネット回線などの新規契約者に3カ月間無料でサービスを提供する戦略、地元住民に対する特別価格、などです。女性、高齢者、新規契約者、地元住民の留保価格の方が低ければ、これらはグループ価格差別戦略として理解することができるわけです。もちろんそれ以外に集客効果をねらっている可能性もあります。

より巧妙に、消費者自身に選ばせる戦略もあります。**二次価格差別**（second-degree price discrimination）と呼ばれるものです。エコノミークラスの航空券だけをみてもさまざまな価格があります。航空券を普通運賃で購入するか割引運賃で購入するかは、旅行者自身が選択できることです。基本的には安い方がいいわけですが、割引運賃は、1カ月前までに購入しなければならないとか、搭乗日、搭乗便の変更、払い戻しなどに制約があります。どの程度価格にこだわる旅行者なのかが、事前には航空会社や旅行

会社にはわからなくても，これらの選択肢を提示し旅行者自身に選ばせることによって，旅行者が自ら自分の消費性向を開示してくれるのです。レストランでセットメニューとアラカルトを用意すれば，価格に敏感な客はセットメニューを選び，それほどでもなく内容にこだわる客はアラカルトを選ぶでしょう。さらにアラカルトを選ぶお客様にお薦めワインなど伝えれば，飛びつく可能性大です。

上記の例では，旅行者やレストランの客の消費性向が，航空会社やレストラン側には事前にはわからない情報であることが，重要な特徴となっています。その情報を旅行者や客に自ら開示させるようにうまく価格差別を行っているわけです。情報を持たない側が情報を持つ側にうまく情報を開示させる仕組みは，経済学の業界用語では**スクリーニング**（screening）と呼ばれます。第7章6節（167頁）で詳しく説明する予定です。

われらがラーメン屋も，トッピングと称して客がネギ，メンマ，味付け煮卵などを別料金で追加できるようにしていたりします。第2章では全部のせ限定で，トッピングを頼むかどうかという客側の選択のトレードオフにふれましたが，店側からみるとトッピングは客についての情報を引き出す手段となります。価格に敏感な客はトッピングなし，そうでない客はトッピングを追加して高い価格を払ってくれます。スーパーが割引クーポンを店のあちこちに置けば，一律に割引するよりも効果的です。価格にこだわらない顧客はクーポンを使わず，敏感な顧客だけがクーポンを集める労力をいとわないからです。さらに，時間差を利用した差別戦略もあります。初回限定版としてさまざまな特典をつけた，価格の高い音楽CDや映画のDVDやブルーレイディスクを

先に発売したり，ハードカバーの単行本を発売して一定期間が過ぎてから安い文庫版で発売することも，消費者に選ばせて巧みに価格差別する戦略です。

逆に，期間限定などと称して一定期間安値で販売し，後に価格を上げていく**浸透価格戦略**（penetration pricing）もよくみられます。とくに将来の市場の成長が見込める商品，実際に使ってみないと価値や品質がわからない商品（経済学の業界用語では**経験財**〔experience goods〕と呼ばれます）では有効な戦略です。しかしこれまでの分析からわかるように，価値すなわち留保価格が高いとわかっている消費者まで安い値段で買ってしまうという問題もあるので，注意が必要ですね。

7 多数の人々が取引に参加する世界
市場と均衡

ここまでは，売手である会社が1社しかない独占の状況に焦点を当ててきました。価格戦略の議論からもわかるように，会社の立場で戦略を考える際に，独占の分析はいろいろと大切な示唆を与えてくれます。前章でふれた少数の会社間で競争する寡占の状況も，会社の立場からは同様に重要です。以下本章の残りでは，同じ製品・サービスを提供する会社が非常に多数存在しているという状況を考えます。このような状況の分析は，会社の経営戦略の観点からはあまり有効ではありませんが，政府の立場から国内・国際市場を概観し，さまざまな政策の効果を分析する際には有用なアプローチとなります。

「同一の製品・サービスを提供する会社が非常に多数存在して

いる状況」は，現実にはなかなかイメージしにくいと思います。農作物，天然資源，金属素材の市場が比較的近いかもしれません。これらの市場では，いわゆる「市場価格」というものが存在していて，売手は自分で価格を自由にコントロールできません。以下では極端に，各企業は価格を所与，つまり与えられたものとして，その価格の下でどの程度の生産・販売を行うかを決定すると考えましょう。某大学キャンパス周辺には非常に多くのラーメン屋があり，どのラーメン屋の味もメニューも似たり寄ったりで，どのラーメン屋もキャンパス周辺の相場の価格，たとえばしょうゆラーメン1杯500円という条件下で，何杯分のラーメンを提供できるようにするかだけを考える，というイメージです。

このような世界では，生産・販売が1単位増えると価格に等しい分の追加収入がありますが，それによって総費用も上昇します。価格の方が総費用の上昇分（限界費用）よりも大きければ，生産・販売を1単位増やすことによって会社の利潤が増加しますが，逆に価格の方が低ければ，むしろ生産・販売量を減らすべきということになります。したがって，価格と限界費用がだいたい等しくなる水準で生産・販売を行うことが，会社の利潤を最大にします。もう少し正確には，限界費用は生産・販売量によって変化しますから，価格と等しくなるのは最後の1単位の生産・販売の限界費用です。たとえば100単位の生産を行うことが利潤を最大にするとき，価格と等しくなっているのは100単位目の限界費用で，それより低い水準の生産・販売量における限界費用は，価格よりも低くなっているはずです。このように決定された各社の生産・販売量を足し合わせたものが，**市場供給関数** (market supply function) となります。この市場供給関数のとる値，すなわち供給量（各社の生産・販売量の合計）は，価格が高い

ほど大きくなります。

　一方消費者は,消費を1単位増やすことで得られる追加の満足度(限界便益)と追加の出費(つまり価格)を比較して消費量を決定します。限界便益の方が価格よりも大きければ消費量を増やすことが望ましく,価格の方が高ければ消費量を減らした方がよいことになります。したがって,限界便益と価格がだいたい等しくなる水準で消費量が決定されます。

　第2章5節(36頁)のビール生中の消費量決定の例で,1杯目の限界便益が1000円,2杯目が600円,3杯目が470円,1杯の価格が500円のときには,2杯目まで消費してストップでした。したがって,価格(500円)は2杯目の限界便益(600円)と3杯目の限界便益(470円)の間にあり,正確には限界便益と価格は一致していません。これは生中1杯という単位が大きいためで,仮にもっと小さい単位,たとえば100ミリリットル単位で価格がついていて注文できれば,消費量が決定される水準での限界便益と価格の差はずっと小さくなります。「生ビールでそんな注文できるわけないだろ」と思うかもしれませんが,オリーブオイルとかお酢とかワインでは量り売りのお店もありますので,将来どうなるかはわかりませんよ。

　また,限界便益と価格が等しくなると書いていますが,正確には最後の1単位の消費量における限界便益と価格が等しくなります。生中の例でも1杯目の限界便益は1000円で,価格500円から離れていますが,消費量決定前後の2杯目,3杯目の限界便益(それぞれ600円,470円)は価格(500円)に近づいています。このように,各消費者が最後の1単位の限界便益と価格が等しくなる水準で消費量を決定したとき,それらの消費量を足し合わ

せたものが,「市場需要関数」です。価格が高いほど市場需要関数のとる値,すなわち需要量が小さくなることはすでに説明しました。

市場需要関数と市場供給関数は,各価格ごとに市場での需要量と供給量を教えてくれます。そして,市場の需要量と供給量とが等しくなる状態は**市場均衡** (market equilibrium),そのときの市場価格は**均衡市場価格** (equilibrium market price) と呼ばれます。

市場均衡では,すべての消費者の(消費量の最後の1単位の)限界便益は均衡市場価格と等しくなっています。そもそも財に対する評価は消費者によって異なり,かつ各消費者は個別に消費量の決定を行っているにもかかわらず,市場価格を通じて自動的に,すべての消費者の消費量の最後の1単位の評価が一致するわけです。このように最後の1単位の評価がすべての消費者で一致している状態をそうでない状態と比較してみましょう。もしも全員に強制的に同一の消費量を同一価格で配給するならば,その水準での限界便益が価格よりも高い消費者は「もっと欲しい」と物足りなさを感じることになり,逆に限界便益の方が低い消費者は「こんなにいらない」ともてあますことになってしまいます。すべての消費者の最後の1単位の限界便益が価格に等しい状態は,このような配分の問題がないという意味で優れているのです。

さらに,すべての会社の(生産・販売量の最後の1単位の)限界費用も均衡市場価格と等しくなっています。市場価格によって,個々に生産・販売量を決定しているすべての会社が,最後の1単位の限界費用に対して同じ評価をしているわけです。消費者の場合と同様に,「もっと生産したい」「こんなに販売したくない」という問題がない状態になっています。そして市場均衡では限界

便益と限界費用は同じ水準になっており，その水準が均衡市場価格なのです。すべての消費者の最後の1単位の消費量，すべての会社の最後の1単位の生産・販売量の評価が一致した状態にあることになります。

さて，このような市場均衡がなぜよいのかを9節でお話しする前に，均衡にどのようにしてたどり着くのかについて次の節で考えてみましょう。

8 本当に均衡にたどり着くの？
市場メカニズムの実験

市場均衡と均衡市場価格が存在しているとはいっても，それぞれの消費者と会社が，与えられた価格のみを手がかりにバラバラに消費と生産の決定を行うような世界で，そのような状態にたどり着くことは不可能だと思われるかもしれません。そもそも「与えられた価格」といっていますが，実際には当事者が価格を決めていかなければなりません。そこで，価格決定のプロセスを明示的にルール化して，その結果どんな状態にたどり着くかを調べる実験が多数行われました。たとえば，「出会った売手と買手がそれぞれ売値と買値を提示して，買値が売値を上回っている場合に限り，買値と売値のちょうど中間の値で取引する」というようなルールです。「経済学で実験!?」と驚かれた読者の皆さん，今日経済学では，さまざまな制度や政策の下で人々がどのように行動するかを調べるために，実験がさかんに行われています。このようにルールを明確にした実験市場では，最初は参加者の試行錯誤が続きますが，驚くべきことに次第に均衡市場価格に落ち着くこ

とが観察されているのです！

　具体的な実験市場の例で説明しましょう。22人の学生を集めて，半分の11人に売手，残りの11人に買手の役割を与えます。各買手にカードを1枚ずつ配ります。このカードには，その買手の留保価格（購入してもいいと考える最大価格）が書かれています。留保価格は買手によって異なり，最大の留保価格は325円，2番目に高い留保価格は300円…，という順番で25円ずつ低くなっていきます。もっとも低い留保価格は75円となります。買手は財を売手から購入することによって，この留保価格から売手に支払う価格を引いた差額を手に入れることができます。ただし，留保価格を超える価格で購入することはできません。この章で以前に説明した例と同様に，この留保価格によって市場の需要関数は次のようになります。

- 価格が325円より高いならば，需要量はゼロ。
- 価格が325円以下かつ300円より高いならば，需要量は1。
- 価格が300円以下かつ275円より高いならば，需要量は2。
- 価格が275円以下かつ250円より高いならば，需要量は3。
  ⋮
- 価格が100円以下かつ75円より高いならば，需要量は10。
- 価格が75円以下ならば，需要量は11。

　一方各売手にもカードを1枚ずつ配ります。このカードには，その売手が財を販売することで被る費用が書かれています。販売費用は売手ごとに異なり，もっとも低い費用は75円，2番目に低い費用は100円…，という順番で25円ずつ高くなり，もっと

も高い費用は325円となります。売手は財を買手に販売することによって、価格から販売費用を引いた差額を手に入れることができます。ただし、販売費用を下回る価格で販売することはできません。この情報を用いると、市場供給関数は次のようになります。

- 価格が75円未満ならば、供給量はゼロ。
- 価格が75円以上かつ100円未満ならば、供給量は1。
- 価格が100円以上かつ125円未満ならば、供給量は2。
- 価格が125円以上かつ150円未満ならば、供給量は3。
  ⋮
- 価格が300円以上かつ325円未満ならば、供給量は10。
- 価格が325円以上ならば、供給量は11。

売手と買手の間では、さまざまな取引パターンの可能性があります。極端な例として、もっとも留保価格が高い（325円）買手がもっとも販売費用の高い売手（325円）と価格325円で取引し、300円の買手が300円の売手と300円で取引し…、75円の買手が75円の売手と75円の価格で取引する、というパターンも可能です。この場合には取引数量は11となります。なお、各買手は自分の留保価格のみを知っており、各売手は自分の費用のみを知っています。

市場取引は、決まった時間内で各参加者が手を挙げて「100円で買う」「250円で売る」というふうに価格を叫ぶことで行われます。制限時間に達するか、もしくはこれ以上の取引が行われない状態になったら、最初の市場取引は終了します。次に、新たに2回目の市場取引が同様の手順で行われます。このように市場取

引が数回繰り返されます。

　上記の市場需要関数と市場供給関数がわかれば，均衡市場価格を求めることは簡単にできます。需要量と供給量がどちらも6になる場合に注目しましょう。

- 価格が200円以下かつ175円より高いならば，需要量は6。
- 価格が200円以上かつ225円未満ならば，供給量は6。

　したがって，均衡市場価格は200円であることがわかります。
　しかし，この実験市場の参加者は自分の留保価格もしくは販売費用を知っているだけです。市場需要関数と市場供給関数を知らないので，均衡市場価格を求めることはできません。にもかかわらず，だいたい3度目の市場取引で平均取引価格はほぼ200円，取引数量は5ないしは6に落ち着いていきます。この結果は，同様の多くの実験でも観察されています。この実験市場の例は，経済実験の手法を確立し，市場メカニズムの研究に貢献したことで2002年にノーベル経済学賞を受賞したヴァーノン・スミス（Vernon L. Smith）の有名な実験にもとづいています。

❾ 市場はなぜよいのか？

　市場均衡の評価の話に戻りましょう。この市場均衡には，もうひとつ重要な特徴があります。それは，市場全体がもたらす総価値（経済学の業界用語では**総余剰**〔total surplus〕と呼ばれます）が市場均衡で最大になり，参加者全員をよりハッピーにするような状

態が他にはない，という特徴です。上記の実験市場の例では，取引によって買手は留保価格から取引価格を差し引いた額，売手は取引価格から販売費用を差し引いた額を手に入れますから，各取引で生み出される総価値は，留保価格から販売費用を差し引いた額に等しくなります。

各取引の総価値 = (留保価格 − 取引価格) + (取引価格 − 販売費用)
= 留保価格 − 販売費用

この総価値を，取引が成立したすべての買手と売手のペアについて足し合わせた値が総余剰です。たとえば，もっとも高い留保価格（325円）を持つ買手ともっとも高い販売費用（325円）の売手，2番目に高い留保価格（300円）の買手と2番目に高い販売費用（300円）の売手…，もっとも低い留保価格（75円）の買手ともっとも低い販売費用（75円）の売手，が取引するパターンを考えてみましょう。この極端な例では，すべての買手と売手が取引しますが，生み出される余剰は……ゼロ!!! 他方，市場均衡では，もっとも高い留保価格（325円）の買手ともっとも低い販売費用（75円）の売手，2番目に高い留保価格（300円）の買手と2番目に低い販売費用（100円）の売手…，というパターンで取引を行うことができます。この結果，取引数量は5ないしは6ですが，生み出される余剰は最大になっているのです。

この状態は，経済学では**効率的**（efficient）と呼ばれます。かいつまんでいえば，参加者全員が一堂に会して違う取引条件を話し合っても，誰からの反対意見もない満場一致で状態を変えることができない状態です。いいかえれば，目一杯資源が有効に活用されていて，誰かの満足を下げなければ他の誰かの満足を

上げることができない状態ともいえます。市場均衡は，各消費者と各会社がそれぞれ自分の満足度，利潤を最大にすることだけを考えて消費量，生産・販売量を決める，という自由放任のプロセスの結果としてたどり着く状態でした。にもかかわらず，全員で「せーの」でもっとよい状態にすることができないという意味で，社会的にも望ましい状態になっているのです。市場均衡が持つこの特徴は，経済学の業界用語では**厚生経済学の基本定理**（fundamental theorem of welfare economics）などと呼ばれたりします。

10 でも市場は絶対ではない

この結果は，下手な介入（たとえば政府による規制）を行うよりは，市場での自由な競争に任せておくことが望ましいことの根拠として使われることがあります。また同時に，市場の限界も明らかにしてくれるベンチマークとしての役割も持っています。つまり，この結果が成り立つために満たされなければならない条件があり，それらが満たされなければ市場はうまく機能しなくなる可能性があります。業界用語では**市場の失敗**（market failure）と呼ばれます。

第1に，多数の消費者に製品を販売する会社が1社しかない独占市場や，第3章で紹介した，少数の会社が競争する寡占市場では，各社は十分大きな市場支配力を持ち，市場全体の総余剰よりも自社の利潤を優先するので，ベルトランの罠のような極端なケースを除いて，効率的な結果にはなりません。

第2に，各買手や売手の活動が別の経済主体の利害に直接影響を与えるときには，市場が失敗する可能性が高くなります。経済学の業界では，前者の活動は後者に対して**外部性**（externality）をもたらす，という言い方をします。自宅の前や庭を樹木や草花で美しくすることで，近所にも恩恵を与えることができます。これは正の外部性と呼ばれるものです。掲示板，チャット，ソーシャル・ネットワーキング・サービス（SNS）への参加者が増えれば，新たに参加する人のメリットも高まります。この種の正の外部性は**ネットワーク外部性**（network externality）と呼ばれたりします。ネットワーク外部性によって，Facebookのような特定のSNSに参加し続けることのメリットも高まり，参加者はFacebookに「ロックイン」されることになります。多くの人がマイクロソフトWindowsを使い続けるのも，利用者が多いために助言を得やすかったり，ソフトウェアが充実しているといったネットワーク外部性に起因する効果によるものです。しかし，ロックインが生じる理由はネットワーク外部性だけではありません。本章の4節（84頁）でふれたように，Windowsの操作性とカスタマイズにどっぷりつかった利用者にとって，Macに変えて新たに学習し直す手間が大きい，という特徴も，ロックインされた消費者を生み出す理由となります。電子マネーにも同様のネットワーク外部性があります。当初は独自の電子マネーnanacoしか利用できなかったセブン–イレブンで，後にEdyやSuicaが利用可能になったのは，EdyやSuicaの利用者がセブン–イレブンを避けてローソンやファミリーマートなどで買い物をすることを防ぐためだったと思われます。

　逆に，まわりの学生に迷惑な授業中の私語や，少人数の演習やゼミナールを就活でまとまった人数の学生が欠席するのは負の外

部性です。たばこの煙，騒音，大気汚染，混雑なども典型的な負の外部性の例です。河川，湖，海洋などの水資源や，漁場，牧草地，森林などは，複数の個人が共有して利用できる資源ですが，各人の利用が他の人の利用可能性を減じてしまう特徴を持っており，**共有資源** (commons) と呼ばれます。このような共有資源の利用で問題になるのが，負の外部性に起因する過剰な開発や乱獲の問題です。ひとりひとりの利用する量は少なくても，自分の都合のみを考えて利用する人々の利用量を足し合わせると，資源の枯渇や破壊が進行してしまうのです。個々人が総量のことを考えて少しずつ利用を控えれば解決するのですが，今日の環境問題からも明らかなように，実行することが大変難しい問題です。

第3に，市場参加者の持つ情報に違いがあるときにも市場は失敗します。価格差別のところでふれたように，買手が買ってもよいと考える留保価格は，通常買手本人にしかわかりません。そして売手の提供する財の品質や価値は，売手がいちばんよく知っています。さらに，留保価格や品質に影響を与えるような行動を，買手や売手が秘密裏にとることもあります。たとえば自動車保険の買手が荒っぽい運転をしたり，レストランチェーンに野菜を販売する業者が，野菜仕入れの費用削減努力を怠ったりする可能性があります。これらの問題については，次章での準備を経て，第6，7章で分析します。また第8章ではオークションの理論と事例を紹介しますが，オークションは，潜在的な買手（入札者）のうち，誰がオークションされる商品をもっとも高く評価する（誰の留保価格がもっとも高い）のかをみつけ出す仕組みなのです。

第4に，実際には取引相手を探し出すための時間と手間がかかります。新卒者の就職活動で学生さんが経験するように，学生側も会社側も互いに相手を少しでも早くみつけようとする結果，採用・就職活動が早期化する傾向が生まれます。その結果，学生側にとっては大学での学業に支障が生じたり志望先を早急に決定しなければならない点，会社側にとっても大学での学業や成績について不十分な情報下で決定しなければならない点，などの非効率性が問題になってきます。このような早期化は多くの市場で観察される問題です。第8章で詳しく分析します。

このようにいろいろな問題が潜んでいるので，市場は放っておけばうまく機能するというものではありません。「経済学者＝市場原理主義者（市場に任せればOKと考えている人）」という安易なイメージがあるようですが，今日大部分の経済学者は，実は市場が失敗するケースについての研究に専念しているといっても過言ではないでしょう。市場がうまく機能するように，市場での活動や取引をサポートする仕組みをきちんと設計することが必要なのです。これも詳しくは第8章で紹介します。

法制度の主要な役割も直接的な介入ではなく，自由な取引が円滑に進むような枠組みをつくることにあります。このような，経済活動や取引をサポートする法的，社会的制度の構造と機能のことを，最近では**経済ガバナンス**（economic governance）と呼ぶこともあります。2009年のノーベル経済学賞は，経済ガバナンスの理解を深めることに大きな貢献をしてきたエリノア・オストロム（Elinor Ostrom）とオリバー・ウィリアムソン（Oliver E. Williamson）に授与されました。オストロムは，国家もしくは民営化して民間企業に共有資源の財産権を集中させるよりもむし

ろ，共有財産としたままで利用者自身にガバナンスさせるセルフ・ガバナンスがうまく機能する事例を見いだしました。そして，多くの事例研究を積み重ねて，そのようなセルフ・ガバナンスが成功する条件を明らかにしたのです。ウィリアムソンは，どのような条件の下では，市場に代わって会社内部のような組織で取引を行うことが望ましいのか，という問題を分析しました。第9章では，市場に代わる他の仕組み，たとえば買手と売手を統合してひとつの会社の内部に取引を取り込む方法，などを紹介します。

第 5 章

現実世界は霧のなか!?
~不確実性と情報~

① 情報が重要！

霧のなかでの意思決定

　経済やビジネスにかんすることに限らず，日常生活で大切な決定を行わなければならないときには，通常何らかの不確実な要因があります。不確実なことがなくなるまで決定を遅らせることができるのはむしろまれなことでしょう。すると，意思決定に際して**リスク**（risk）を考慮する必要が出てきます。さらに，不確実性があるがゆえに**情報**（information）に価値が生まれてきます。

　たとえば東京では，中学入試は2月1日からの数日に集中していますが，2月2日にどの学校を受験するかを決定して出願する段階では，通常2月1日の受験結果はまだわかりません。したがって，学力から判断して合格が微妙な学校に出願する「リスク」をとるか，合格がほぼ確実な学校を受験するか，といった選択に悩むことになります。また進学塾は，受験校を決定するために有益な「情報」を提供してくれます。

　したがって，不確実性とリスクをいかに分析するかは，意思決定を分析する経済学にとって大変重要なトピックとなります。IT時代と呼ばれる今日でも，インターネットで得られる無限に近いデータのなかから有益なデータを選別し，それをいかに情報として取り込み決定に反映させるかは重要な課題です。

　第3章の2節（45頁）で説明したように，われわれが直面する不確実性には，大きく分けて「自然の不確実性」と「戦略的（もしくは意図の）不確実性」の2種類があります。戦略的不確実性は，あなたと同じようによい選択をしようと考えている人が他にもいて，さらにその相手の選択がわからない，という不確実性

で，第3章で紹介したゲーム理論が対象とするものでした。この章の対象は前者の自然の不確実性で，明日の天気はどうなるか，宝くじに当たるかどうか，新製品がヒットするか，研究開発プロジェクトに成功するか，などのように，「神の手」によってランダムに（無作為に）結果が決まります。他のプレーヤーの意図や打算によって決まるものではありません。

相手の意図と関係のない自然の不確実性を分析するためには，確率の理解が欠かせません。上記の中学入試の例では，親御さんたちは無意識に，そして主観的に，我が子が第1志望の学校に合格する可能性を見積もっているはずです。たとえば，最初は合格するかどうか五分五分くらいに考えていたとしましょう。進学塾などが提供する模擬試験は，格好の情報源です。そこで合格可能性が60%と出れば，当初の五分五分，つまり合格可能性を50%と見積もっていた評価を60%に改訂することと思います。これをおおざっぱに確率でいいかえると，事前に合格すると思っている確率（経済学や統計学の業界用語では**主観確率**〔subjective probability〕）は0.5だったのが，模試の結果によって0.6に改訂された，ということになります。このように評価が改訂されることで，われわれは「情報」を得たと解釈することができます。

しかし，事前に合格するかどうか六分四分と考えていた親御さんにとっては，合格可能性60%の模試の結果後でも，その評価は変わらないことになります。このように，事前にどのような評価を持っているかによって，情報の評価も影響を受けます。さらに，情報源自体の信頼性も大切です。多くの受験生が受験する有名模試の「合格可能性60%」は，いったい何を意味しているのか，また，そのような評価が出たときに実際に合格した受験生の

割合はどのくらいか，などを考慮して判断に使う必要があります。

自然の不確実性に対する事前の評価・判断を，情報の「精度」を通して事後の評価・判断に改訂するという情報処理のフレームワークは，ベイズ・アプローチ，ベイズ流統計的決定理論などと呼ばれています。マイクロソフトのオフィスなどのソフトウェアでは，ユーザーの過去の（マウスの動きや命令などの）履歴を情報として使い，ユーザーに提供するヘルプを調整するために使われています。スパムメール（ゴミのような広告メール）を排除するフィルターでも，同様のフレームワークが使われています。

以上のような情報処理の問題を確率を用いてきちんと分析することは，残念ながら本書の範囲を超えてしまいます。しかし，本書の残りの第6章以降では「情報」はキーワードのひとつとなりますので，この章では，必要な確率の知識を最小限に抑えながら，第2章のひとりの意思決定の分析を拡張する形で，不確実性とリスクの問題を紹介することにします。

2 リスクは回避したいもの？

まずリスクを考慮することの大切さについてです。これは，現実にリスクを分散させたり，リスクを負担し合う仕組みが存在していることからも明らかでしょう。もっともなじみ深いのは，おそらく保険契約でしょう。世の中には保険会社なるものが存在して，さまざまな保険契約を商品として販売しています。保険契約とは，売手としての保険会社と買手としての加入者の間の取引で

す。そこでは，加入者が毎年もしくは毎月，価格として保険料を支払うこととひきかえに，保険会社が加入者の（盗難，火災，病気などに対する）リスクを負担してくれます。実際に盗難，火災，病気などが発生する可能性は非常に低いのですが，にもかかわらず，実際に盗難，火災，病気などが起こったときの多額の損失を回避するために，多くの人たちが保険料を支払っています。また，保険会社は多くの保険商品を販売することで保険料収入を得ています。

たとえば，ある地域で1年間に火災により家屋を喪失する確率が1万分の1（つまり0.0001），そのときの損害額が2000万円だとしましょう。確率0.0001で2000万円の損失，確率0.9999で損失額ゼロですから，損失額の**期待値**（expected value）を期待損失額と呼ぶことにすると，次のように計算することができます。

期待損失額（保険未加入の場合）
$$= 0.0001 \times 2000 万円 + 0.9999 \times 0 万円$$
$$= 0.2 万円(つまり 2000 円)$$

つまり期待損失額は，起こりうる結果——ここでの例では「火災が発生する」と「火災が発生しない」の2種類——のそれぞれについて，その結果が実現する確率とそのときの損失額を掛け合わせてから，起こりうるすべての結果について足し合わせた値です。

では，この人は年間保険料が3万円の火災保険に加入するでしょうか。保険に加入することによって，火災が発生したときの損害額を全額カバーしてくれるとします。すると，保険に加入す

ることによって確実に3万円の保険料を支払わなければなりませんが，火災の場合の損失額をカバーしてくれるので2000万円の損失がゼロになります。したがって保険に加入したときの期待損失額は，

期待損失額（保険加入の場合）

$= 0.0001 \times 0$ 万円 $+ 0.9999 \times 0$ 万円 $+ 3$ 万円

$= 3$ 万円

です。保険未加入の方が期待損失額が低いですね。つまり期待損失額（より一般的には期待金額値）で判断する人ならば，火災保険には加入しないということになります。しかし，このような場合でも保険に加入する人が多数います。火災が発生したときに被る損失のリスクを回避したいと考える人が大勢いるからです。そのリスクを負担してもらうというサービスに対して，未加入の場合の期待損失額を上回る保険料を価格として保険会社に支払う，これが保険契約という取引を成立させているのです。

リスクの大切さを表す現実の仕組みの別の例として，多角化があります。多くの会社が，ただひとつの事業に特化せずに，多角化して複数の事業を行う理由のひとつは，リスクを分散させることにあります。たとえば日本レストランシステムという会社があります。売上高経常利益率が10%を超えれば優良といわれる飲食業界において，2006年，2007年度において20%前後の業界トップの売上高経常利益率を誇り，外食市場規模自体が縮小するなかで増益を続けてきた会社です。2007年にドトールコーヒーと合併して，持株会社ドトール・日レスホールディングスが設立されましたが，現在でも売上高経常利益率の上位をキープしてい

ます。この会社は「洋麺屋 五右衛門」「卵と私」「にんにく屋五右衛門」「地鶏や」「さんるーむ」など，30種類以上もの店を展開しています。

> 「店が1ブランドしかないと危ない」と大林（筆者注：創業者兼会長）は言い切る。メニューから運営方法まで同一の店を大量生産するメリットは大きいが，消費者がその唯一のブランドにそっぽを向けば，致命的なダメージを負う。比べてみればデメリットの方が大きいと見ているのだ。
>
> 時代とともに稼げる店は変わる。今は好調な「洋麺屋 五右衛門」も10年後には客足が途絶えているかもしれない。だから，当たるかどうか分からなくとも，年に1～2件は新業態を投入してリスク分散のポートフォリオを組むというわけだ。
>
> 日本レストランシステムの多業態モデルは，展開している店舗と業態を，不死鳥のライフサイクルのように循環させていくことで，いつの時代も収益性を維持しようというものだ。

リスクが大切なことを示す例は，他にもあります。ベンチャー起業家がベンチャーキャピタル（VC）の資金提供とひきかえに株式を提供する背景には，起業家とVCの間でリスクを負担し合うという面があります。農家は収穫量と収穫価値（価格）の2種類のリスクに直面しています。農産物の先物市場は後者のリスクに対する保険を提供しています。つまり，あらかじめに決まった価格で販売することによって，価格が下落するリスクを回避できるわけです。同様に購入者側も，価格高騰のリスクから逃れることができます。

3 チャレンジは人それぞれ
リスクを金額で評価する

　リスクが大切ならば，リスクをどのように評価するかが重要になりますが，リスクに対する態度は人によって異なります。たとえば，あるプロジェクトに参加するかどうかの決定に直面しているとします。プロジェクトが成功すれば100万円の取り分をもらえます。しかし失敗すれば20万円の損失を負担することになります。さらにプロジェクトに参加する際に20万円を出資しなければなりません。成功の確率は40%，失敗の確率は60%です。このプロジェクトに参加するかどうかの決定を，どのように行えばいいでしょうか。

　このプロジェクトに参加するかどうかの問題をいいかえると，40%の確率で80万円（= 100万円−20万円）がもらえるが，60%の確率で40万円（= 20万円 + 20万円）の損失を被るという「くじ」を引くかどうか，という問題になります。期待金額値は，

「くじ」の期待金額値

$$= 0.4 \times 80万円 + 0.6 \times (-40万円) = 8万円$$

です。

　しかし，はたして期待金額値でこの「くじ」を評価していいのでしょうか（先ほどの保険契約の例を思い出してください）。そこで次のような思考実験をやってみましょう。あなたは，上記の「くじ」と，「確実に8万円をもらえる」という特典チケットとの間の選択に直面しているとします。どちらを選びますか？「どちらでもいい，自分にとって同じくらいの望ましさだ」というな

らば，期待金額値で評価することに問題はありません。しかし，「確率0.6で40万円のマイナスとなることが気になるので，確実に8万円もらえる方がいい」もしくは「確率0.4で80万円が当たる可能性に賭けたい」という人は，この「くじ」を期待金額値で評価すべきではありません。

次のような手順で，この「くじ」に対するあなたの「評価額」を求めることができます。「くじ」と，「確実に□万円もらえる」という特典チケットを考えます。まず□に−40を入れてみます。「確実に−40万円もらえる」ですから，「確実に40万円支払う」という意味になります。このときには，明らかに「くじ」の方を選ぶでしょう。特典チケットを選べば必ず40万円を支払わなければならないのですが，「くじ」を選べば40％の確率で80万円が当たるからです。同様に，□が80の場合には，必ず80万円がもらえる特典チケットを選ぶことは明らかです。したがって，□に入る値を−40から徐々に上げていけば，最初のうちは「くじ」の方を選ぶでしょうが，80に到達する前に，どこかで「どちらも同じくらいの望ましさだ」という値にたどり着き，その後特典チケットにスイッチするはずです。その値を，この「くじ」に対するあなたの「評価額」とするのです。

この評価額は人によってさまざまで，期待金額値の8万円よりも高い人，低い人，さらに評価額がマイナスの人もいるかもしれません。この評価額が期待金額値よりも高い人，および期待金額値よりも低いけどそれでも正の値の人は，上記のプロジェクトに参加するかどうかの決定に直面したときには，参加する方を選ぶべきです。参加しなければ利得はゼロですが，参加することの評価額は正の値だからです。逆に評価額がマイナス，つまり確実

にある金額を支払ってでもこの「くじ」を手放したい，と考える人は，プロジェクトに参加すべきではありません。また，複数の「くじ」の間の選択問題に直面したときには，それぞれの「くじ」の評価額を上記のように求めて，評価額がもっとも大きい「くじ」を選択すべき，ということになります。もちろん，評価額が常に期待金額値と同じという人は，期待金額値にもとづく選択と評価額にもとづく選択とは同じになります。しかし，一般的には評価額と期待金額値が異なるので，期待金額値にもとづく選択と評価額にもとづく選択とは一致しないことが多いです。その場合には，期待金額値ではなく評価額にもとづいて選択するべきですよ，というのがここでの主張です。

　上記の手順で求めた評価額は，経済学の業界用語で，その「くじ」の**確実同値額**（certainty equivalent）と呼ばれるものです。不確実性のある「くじ」と「同値」な，つまり同じくらい望ましい「確実」にもらえる「額」ということです。そして，この確実同値額を「くじ」の期待金額値と比べることによって，あなたのリスクに対する態度を知ることができます。「くじ」の確実同値額が期待金額値よりも低い人は**リスク回避的**（risk averse）と呼ばれます。なぜならば，この人は「くじ」の期待金額値を確実に受け取る方を，「くじ」を引くよりも高く評価するからです。逆に，「くじ」の確実同値額が期待金額値よりも高い人は**リスク愛好的**（risk loving）と呼ばれます。「くじ」の期待金額値を確実にもらうよりも，「くじ」を引いてリスクを楽しみたい，という人だからです。最後に「くじ」の確実同値額と期待金額値が等しい人は，**リスク中立的**（risk neutral）と呼ばれます。実際には，どのような「くじ」に直面しても同じリスク態度の人はほとんどい

ません。「くじ」の性質（各賞金の金額と当たる確率）に応じてリスク回避的になったりリスク愛好的になったりします。

4 金額以外でもリスクは評価できる！
期待効用で考える

　以上の分析では，選択肢を確実同値額という「金額」で評価しました。選択の対象となっているプロジェクトがもたらす金額が問題なのですから，リスクを織り込んだ評価を金額で測るのは自然でしょう。また，選択の対象が金額で測られていない場合でも，金額で評価し直すことが可能です。第2章の例のように，ラーメン屋でどのラーメンを食するか，ビールを何杯飲むか，などの選択問題では，ラーメンやビールを消費することで得られるものはお金ではなく「満足度」のようなものです。しかし，この「満足度」を金額で評価し直すことができます。実際第2章で，生中1杯のビールを消費することから得られる満足度を限界便益という金額で測りました。それは，「ビール1杯目を消費するために最大いくら支払ってもいいと考えますか？」という問いに答えることで得られました。この金額が生中1杯の価格（第2章の例では500円）よりも高ければ，ビール1杯目を消費することの方が望ましい，ということがわかりました。同様に第4章では，ラーメン1杯を消費するかどうかという決定を，留保価格という金額評価を用いて考えました。

　しかし，価格を支払うという性質が明示的にはないために，金額で評価することが難しい意思決定問題も多数あります。たとえば，3・4年生時にゼミナールに所属し単位を取得することが必

修となっている某大学を考えましょう。どのゼミに応募するかは学生にとって重要な問題です。この大学のある学部では、ほとんどの教員が同じ日にゼミ選考を行い、応募したゼミナールに入れなかった場合には、他に空いているゼミナールの教員に個別に相談に行かなければなりません。みんな、そのような手間をかけることをなるべく避けたいと考えています。

　この状況はゲーム理論的な特徴を持っているのですが、ゼミ選択の戦略的な側面についての分析は第8章（205頁）で行うことにして、ここでは戦略的な問題を省略します。具体的に、朝田ゼミと今田ゼミのどちらかに入りたいと考えている浮田くんという学生さんの例を考えます。浮田くんの第1志望は朝田ゼミ、第2志望は今田ゼミで、どちらにも入れなかった場合には、残りのどのゼミに入るかはどうでもよく、最悪の結果であると考えています。浮田くんが直面しているのは、「朝田ゼミに応募する」と「今田ゼミに応募する」のどちらを選択するかという問題です。「朝田ゼミに応募する」を選んだ場合、選考に受かる確率を50%と考えています。さらに、50%の確率で選考に受からなかった場合に、今田ゼミに空きがあって入れる可能性を50%と考えています。したがって、「朝田ゼミに応募する」を選んだ場合には、確率0.5で朝田ゼミ、確率0.25で今田ゼミ、確率0.25でその他のゼミ、という結果になります。一方「今田ゼミに応募する」を選んだ場合には、選考に合格する可能性を80%と考えていますが、20%の確率で不合格となった場合には、朝田ゼミに空きがある可能性はゼロで、その他のゼミに入ることになると予想しています。

　この問題が、第2章のラーメン屋の例とどのような関係にあ

るかにふれておきましょう。「しょうゆ」「みそ」「しお」の順番で好きな学生を想像しましょう。この順序づけが、ゼミ応募の例における、第1志望が朝田ゼミ、第2志望が今田ゼミ…、に対応します。ラーメン屋の例では、この学生くんは某ラーメン屋に行ってしょうゆラーメンを注文すれば、もっとも望ましい結果（しょうゆラーメンを消費する）を達成できることになっています。不確実性がないわけです。しかしゼミ応募の例では、浮田くんは「朝田ゼミに応募する」ことによって確実に朝田ゼミに入れるわけではありません。「朝田ゼミに応募する」という選択を行うことによって得られるのは、「50%の確率で朝田ゼミに入る、25%の確率で今田ゼミに入る、25%の確率で残りのゼミに入る」という「くじ」になっているのです。たとえばラーメン屋の例で、某ラーメン屋に行けば20%の確率でしょうゆラーメンが売り切れになり、みそラーメンしか残っていない、という場合ならば、結果に不確実がかかわってきて、「80%の確率でしょうゆラーメン、20%の確率でみそラーメン」というふうな「くじ」になるわけです。

さてゼミ応募問題で、浮田くんはどちらのゼミに応募すべきでしょうか。この問題では、結果（朝田ゼミに入る、今田ゼミに入る、その他のゼミに入る）は金額で評価されていません。そこで、これらの結果に何らかの数値を割り当てる方法を紹介しましょう。この数値は「効用指標」と呼ばれ、第2章の例の「満足度」を数値化したものです。不確実性がない第2章の例でも数値化することができますが、数値化する意味はあまりありません。「しょうゆ」「みそ」「しお」の順番で好きな学生ならば、この順序を保持する適当な数値を割り当てればいいからです。た

とえば「しょうゆ」= 3,「みそ」= 2,「しお」= 1 とか,「しょうゆ」= 1,「みそ」= 0.5,「しお」= 0 とか…,重要なのは大小関係だけです。最初の割り当てでは「しょうゆ」の効用指標 [3] は「みそ」の効用指標 [2] の 1.5 倍となっていますが,「俺にとってしょうゆラーメンの消費はみそラーメンの消費より 1.5 倍満足度が高いぜ」などと考えてはいけません。実際,後者の割り当てでは「しょうゆ」の効用指標 [1] は「みそ」の効用指標 [0.5] の 2 倍となっています。つまり,これらの数値は大きさの順番を表現するための便宜的なものでしかなく,実際どのラーメンを消費するかという意思決定では,大きさの順番以外はどうでもいいことなのです。

ところが,不確実性がかかわってくると,どのように数値を割り当てるかが重要になってきます。ゼミ応募問題で,まず,最善の結果に [1],最悪の結果に [0] の効用指標を割り当てます。この例では,朝田ゼミが [1],その他のゼミが [0] です。実はこれらの効用指標は,大小関係を維持している限りは他の値でもいいのですが,以下で説明するように,この手順でもっとも重要な,今田ゼミに割り当てる効用指標の決定をやりやすくするので,[1] と [0] を使うことにします。

今田ゼミに割り当てる効用指標が選択に決定的に重要なことは明らかでしょう。この値が十分に大きければ([1] に近ければ)「今田ゼミに応募する」ことが望ましい選択になりますし,逆に十分に小さければ([0] に近ければ)「朝田ゼミに応募する」方が望ましくなります。浮田くんはどのように今田ゼミの値を決めればいいでしょうか。

それではまず,次のような仮想の「くじ」を思い浮かべましょ

う。

「確率 p で朝田ゼミ,確率 $1-p$ でその他のゼミに入れる」

確率は0と1の間の値をとり,この値が大きいほど,その結果が実現する可能性が高いことを意味します。この「くじ」と次の特典チケットとを比較します。

「確実に今田ゼミに入れる」

そして,「くじ」と特典チケット「確実に今田ゼミに入れる」とが無差別,すなわち「どちらも同じくらい望ましい」ようになる,確率 p の値を探します。確率が $p=0$ ならば,「くじ」は「確実にその他のゼミに入れる」ですから,明らかに特典チケットの方が望ましいですし,逆に $p=1$ ならば「くじ」すなわち「確実に朝田ゼミに入る」の方が望ましくなります。よって確率 p の値を少しずつ上げていけば,どちらも同じくらい望ましくなる p の値がみつかるはずです。この p の値を,今田ゼミに割り当てる効用指標とするわけです。作業自体は,「くじ」の確実同値額をみつける作業と似ています。そのときには「くじ」と無差別になる金額を直接探したのですが,ここでは金額が関与せず判断が難しいので,確率をみつけるという作業に置き換えているのです。

たとえば,浮田くんにとってそのような確率が $p=0.6$ であるとしましょう。そのときには浮田くんは今田ゼミに [0.6] の効用指標を割り当てます。そして,それぞれの選択肢から得られる効用指標の期待値を求めます。

「朝田ゼミに応募する」： $0.5 \times [1] + 0.25 \times [0.6] + 0.25 \times [0]$
$= [0.65]$

「今田ゼミに応募する」： $0.8 \times [0.6] + 0.2 \times [0] = [0.48]$

　この期待値が，それぞれの選択肢から浮田くんが期待できる「満足度」を表しています。経済学の業界用語では，**期待効用値**（expected utility value）と呼ばれます。そして浮田くんは，これらの期待効用値の大きい方，すなわち「朝田ゼミに応募する」を選択すべきということになります。

　金額で評価された，プロジェクトに参加するかどうかという以前の問題でも，確実同値額の代わりに効用指標を与えることができます。プロジェクトへの参加をいいかえると，「40％の確率でプラス80万円，60％の確率でマイナス40万円」という「くじ」に対応していましたね。ここでプラス80万円に効用指標[1]，マイナス40万円に効用指標[0]を割り当てましょう。すると，この「くじ」の期待効用値は次のようになります。

　　期待効用値： $0.4 \times [1] + 0.6 \times [0] = [0.4]$

　この期待効用値はどの金額に対応しているのでしょうか。効用指標[0.4]は，「くじ」の期待金額値8万円の効用指標ではありません。8万円の効用指標が[0.4]なのは，確実同値額が期待金額値と等しいリスク中立的な人だけです。一般には，この「くじ」の評価額である確実同値額は期待金額値とは異なっていました。期待効用値はこの「くじ」を効用指標で評価したものなので，「くじ」の金額による評価額である確実同値額と，期待効用値が対応することになります。つまりいったん各結果の効用指標

を確定することができれば、効用指標の期待値を計算することによって、さまざまな「くじ」の評価を、その「くじ」の期待効用値によって行うことができるようになります。

5 誰がリスクを負担するか？
リスク分担

　リスクをどのように評価すればよいかわかったところで、次にリスクの取引が生み出す価値について考えてみましょう。リスク中立的な人や会社が、リスク回避的な人や会社が直面するリスクを負担することによって、新たな価値が生み出されます。保険商品を販売することによって保険会社が引き受けるリスクは、保険会社の所有者である多数の株主や保険契約者によって分散されて負担されています。したがって、リスク回避的な個々の保険契約者と比べて、保険会社のリスクに対する許容度は大きく、リスク中立的とみなすことができるでしょう。したがって保険会社にとっては、リスクを引き受けることと、期待損失額に等しい保険料を受け取ることとは無差別です。一方、リスク回避的な保険契約者は、期待損失額に等しい保険料を支払ってリスクを保険会社に負担してもらうという契約に、喜んで応じるはずです。なぜならば、保険契約者にとって、確実に期待損失額を支払う方が、ある確率で損失を被るリスクに直面するよりも望ましいからです。こうして保険契約の売買は、価値を生み出しているのです。

　より一般的には、リスク中立的な人や会社がリスク回避的な人や会社のリスクをすべて負担することによって、最大の価値が生み出されます。ここで「最大」というのは、リスク回避的な人

や会社に何らかのリスクを残して両者でリスクを分担するよりも，リスク中立的な人や会社がすべてのリスクを負担し，リスク回避的な人や会社に一切リスクを負担させない方がより高い価値を生み出す，ということを意味しています。現実の取引のなかには，このようなリスク負担の視点から理解できるものが多くあります。たとえば大手のいわゆる「100円ショップ」は，工場などに対して一度に大量の商品を，完全買い取りかつ現金で発注します。そして，いったん仕入れた商品が売れなくても工場に返却することはありません。つまり販売のリスクを100円ショップが負担しているわけです。工場側はリスクを負担してもらうわけですから，結果的に100円ショップに対して，「保険料」分を差し引いた安い価格でも販売することになります。書店が出版社から書籍を仕入れ，一定期間後に売れ残った場合に出版社に返品できる返品制には，間に取次店が入って階層構造になることでいろいろ問題が生じますが，売れ残りのリスクを書店に負担させずに，出版社側が負担するというリスク分担の側面があります。

　会社内の給与体系にもリスク分担の側面があります。日本の大企業の給与はよく「積み上げ型」と呼ばれます。従業員の企業への貢献に対するアメとムチは，一時的なものではなく，将来にわたって影響が持続するという特徴があります。すなわち，ある年度の優れた業績が直ちに次年度の昇進・昇格に反映されるというものではなく，過去の貢献は，同じ会社に留まる限り長期間にわたってその従業員の処遇に影響を与え続けます。「出世はよい査定の積み重ね」の結果なのです。このような「積み上げ型」ではなく，年俸制のように業績を直ちにかつ一時的に反映させると，従業員を大きなリスクに直面させることになります。ある年度の優れた業績の見返りを次の年度に集中して与えてしまうと，そ

の次の年度の所得が大きく変動するリスクが生じるからです。たとえ従業員が同じように仕事をこなしていても，彼／彼女にはどうしようもない要因によって，その次の年度の所得が大きく減少することが起こりうるわけです。この結果，制度の公平感が失われ，従業員に多くのリスクを負担させる会社の場合には，平均的に十分高い給与を支払うことが必要になってきます。一方，会社が従業員のリスクを負担する役割を担い，ある年度の優れた業績の見返りを，次年度以降の長期間にわたって給与のベースアップという形で分散させてしまえば，従業員のリスク負担は軽減され，会社は平均的給与水準を下げて人件費を節約することができます。その結果，ある年度の従業員の給与は，それ以前の評価の見返りを少しずつ反映することになり，「積み上げ型」となるのです。

最後の例として，本章の前半で紹介した日本レストランシステムと，野菜を市場から仕入れてレストランチェーンに納入する子会社との間の関係を考えてみましょう。野菜の相場は天候などの不確実性によって変動します。もしもレストランチェーンがあらかじめに決められた固定価格を子会社に支払うならば，野菜の仕入れの費用の変動のリスクは，子会社がすべて負担しなくてはならなくなります。小規模な子会社の方がリスク回避的で，規模の大きいレストランチェーンがリスク中立的だとすると，むしろリスクをすべてレストランチェーンが負担することによって，子会社への期待支払額を節約できることになります。すなわち固定価格ではなく，天候不順などによる野菜の仕入れ費用の上昇は，すべて価格に転嫁できる，という契約に切り替えるわけです。このような契約はコストプラス，原価加算方式，実費精算方式などと

呼ばれます。このような契約によって子会社は仕入れ費用の変動のリスクから守られ，常に一定の利益を獲得することができるようになります。

では，日本レストランシステムでは実際にはどのような契約になっているのでしょうか。

> 日本レストランシステムには野菜の仕入れを担当する100％子会社がある。相場の変動が激しい野菜はすべて，そこが市場から仕入れたうえで，各店に卸している。この卸値を1年間固定しているのだ。
>
> 例えばキュウリ1本90円と決めたら，どの店も仕入れ価格は年間を通じて同じ。猛暑や日照不足で相場が1本120円に高騰しても，店の仕入れ価格に影響はない。

つまり，子会社へ支払う卸値が固定されており，リスクは子会社が負担していることになります。リスク分担の観点からは明らかに望ましくない方式を用いる理由は何でしょうか。この疑問に答えることが，次の章のテーマとなります。

第**6**章

サボりの誘惑に打ち勝つ
~モラルハザードとインセンティブ設計~

1 ある年の流行語

　1998年の流行語トップテンのひとつに**モラルハザード**（moral hazard）という用語がありました。大賞は「ハマの大魔神」「凡人・軍人・変人」「だっちゅーの」，その他トップテンには「環境ホルモン」「貸し渋り」「老人力」「ショムニ」「冷めたピザ」などがあった年です。その前年に，当時大手金融機関だった山一證券や北海道拓殖銀行などが経営破綻し，政府による破綻した金融機関の処理や財政資金投入をめぐって金融機関の経営者のモラルハザードが指摘され，大きな話題となった，という背景があります。

　銀行が預金の払い戻しなどができなくなる経営困難に陥っても，銀行の代わりに支払いを提供してくれる公的な機構があります。多くの金融商品はこのように元本が保証されています。また，公的当局は「護送船団方式」というフレーズに代表されるように，かつては自力再建の困難な金融機関を救済して，倒産が発生しないようにする方針をとってきました。このような仕組みの下では，倒産リスクを抑えようとする努力を銀行自身が軽視してしまい，ハイリスク・ハイリターンな貸付先に向かうようになります。これが「金融機関のモラルハザード」です。もっとも，われわれ預金者にとっても元本が保証されるわけですから，銀行の経営状態や預金がどのように使われているかを一生懸命調べ，どこの銀行に預けるかに頭を使う意欲はあまりわきませんでした。だから，「預金者のモラルハザード」であるともいえます。

　このモラルハザードという用語は，もともとは保険加入によっ

て人々の行動が保険会社の負担を増やす方向に変化してしまう傾向に対して、保険業界で使われていました。医療保険によって、病院に行っても費用の大部分を支払う必要がなければ、保険に加入していない場合と比べて、健康への注意が散漫になったり、たいした症状でもないのに病院に行く人が増えたりして医療の濫用が起こってしまいます。自動車保険加入者が荒っぽい運転をしたり、盗難保険に加入している人の所持品管理の手抜きが起こるのも同様です。

今日では、モラルハザードは「自己にとって望ましい行動を追求することが、社会や他者にマイナスの効果をもたらす現象」を表す経済学の業界用語となっています。第4章で紹介した負の外部性の一種とみなすこともできます。金融機関のモラルハザードの例で、経営危機に陥った銀行を救済することには、金融システム全体の混乱を避け、行員の雇用を確保して、経済全体にプラスの効果をもたらす面もあります。いざ銀行の破綻が明らかになれば、このような救済措置を講ずることの正当性を否定することはなかなかできません。しかし、救済を予想するがために、破綻にいたる前の銀行の行動が期待されているものからかけ離れていく危険があるわけです。米国でのAIG、GM、シティコープ、日本のJALのような大企業を政府が救済することにも、同様の悪影響があります。モラルハザードの視点からは、当該企業よりもむしろ、株主、顧客、保険契約者といった利害関係者を救済すべきといえます。

まずは金融や保険にまつわる事例を紹介しましたが、モラルハザードは非常に多くの社会現象やシーンでみられます。次の節でいくつかの例を紹介しましょう。

2 さまざまなモラルハザード

　失業保険の金額の大きさと失業期間の間には，失業保険の金額が大きい人ほど失業期間が長いという傾向があります。なぜでしょうか。モラルハザードの視点からは，失業保険の金額が大きいことによって職探しの努力が不十分となり，結果として失業期間が長くなると考えることができます（ただし他の可能性も考えられます。たとえば，金額が大きいほど，自分により適した仕事を探そうとする努力が行われ，その結果失業期間が長くなるという可能性です）。かつて人民公社体制下の中国では，人民公社の収入を家族を構成する人数に応じて一様に分配する傾向がありました。その結果，小作農の仕事ぶりとは関係なく，大家族ほど多くの収入を得ることになっていました。中国の農業生産性が上昇し始めたのは，このような人民公社体制が廃止され，各家族が実質的に土地を所有して耕作する家族責任体制に置き換わっていってからのことです。

　2005年の最高裁判決で，「建築の違法性を発見できなかったならば，国，地方公共団体が住宅購入者に対する損害賠償責任を負う」というものがあります。これによって，住宅販売者が耐震データの偽造の可能性がないかなどを詳しく調査しようとしない，というモラルハザードが起こる可能性があります。また，日本の住宅ローンでは，金融機関が担保物件の価値を超えて弁済を求めることができるリコースローンとなっています。その結果，借手は担保物件を手放した後でも債務を返済し続けなければならないことになり，金融機関が担保物件の耐震強度などに無関心になってしまう，というモラルハザードの温床となります。

前章で，日本レストランシステムが野菜の仕入れを担当する子会社に支払う価格を一定に固定しているという例を紹介しました。リスク分担の視点では，規模の大きい日本レストランシステムが，相場の変動が激しい野菜の仕入れ費用に応じた価格を支払うことによって，リスク回避的な子会社の利益を一定に保つようにするコストプラス方式の方が望ましいといえます。しかし，モラルハザードの観点からは逆になります。

コストプラス方式では，子会社側に野菜の仕入れ費用を削減しようとする意欲は生まれません。固定価格の方が，仕入れ費用の削減がそのまま子会社の利益増加に結びついているので，子会社の費用削減努力を促し，モラルハザードを緩和する点で優れているといえます。政府が医療機関に治療費用を償還する診療報酬制度も同様で，医療機関側が費用削減努力を行わないというモラルハザードが発生します。

大学でもさまざまなモラルハザードが蔓延しています。教員や事務職員の給与の大部分は，学歴や年齢によって決まる固定的なものです。となると，副収入をもたらす学外の仕事や売れる本を書くことに多くの時間を費やそうとする教員がいても不思議ではありません。事務職員にも，教員や学生の便宜をはかるためよりは，自分たちの都合を最優先する傾向があったりします。そして学生諸君。受験生時代と比べて勉強していないのではありませんか。卒業さえできる限りは，その後の進路に成績があまり影響しないとなると，彼らが勉強時間を減らしてサークルやアルバイト，就活に走るのも当然なのかもしれません。

3 モラルハザードは「倫理の欠如」じゃない

　このように，モラルハザードとみなすことができそうな社会現象には事欠きません。しかし，「だから自己利益の追求が悪い」というのがここでの教訓ではありません。モラルハザードは「倫理の欠如」「道徳的危険」などと訳されることがありますが，モラルハザードが発生するとしても，自己利益を追求すること自体をけなすのは的外れです。むしろここで検討すべきは，たとえば銀行のモラルハザードの例では，「護送船団方式」や「元本保証主義」といった，銀行が相撲をとっている土俵・ルールの方です。これらの仕組みのなかで利益を上げようとする銀行の行動が，モラルハザードを引き起こしたのです。他の例でも，失業保険，人民公社体制，最高裁判決，コストプラス方式，診療報酬制度，給与体系，就活市場など，モラルハザードを引き起こす制度の仕組に注目すべきです。モラルハザードに陥らないようなルール・制度づくりを考える必要があるのです。ルールや制度を変えれば銀行の行動も変化します。

　第1章の3節「本書のロードマップ」(16頁) で紹介したように，今日の経済学者は，**インセンティブ** (incentive) という用語を使って，ルール・制度づくりの問題を議論します。インセンティブは「誘因」と訳されることが多いですが，英和辞書には「刺激」「人を行動へ誘うもの」というような訳語がみつかるでしょう。インセンティブとは，「アメの期待とムチの恐れとを与えて，人を行動へ誘うもの」です。元産業再生機構COOの冨山和彦氏は，彼の著書の「人はインセンティブと性格の奴隷である」とい

うタイトルの章のなかで,「インセンティブとは,働く上で何を大切に思うのか,人それぞれの動機づけされる要因である」と書いています。さらに彼はこのように続けています。

> ある人は,短期的なおカネに最も反応するかもしれない。逆にある人は,長期の安定的な雇用かもしれない。出世することに多大なインセンティブを感じる人もいる。家族だという人もいるし,有名企業に所属し,社名を聞かれたときに堂々と答えられることだという人もいる。長年にわたる職場の仲間や先輩・後輩との人間関係を何より大事にしたい人も多い。今の仕事を明日もやれることに喜びを感じる人もいるし,私のように同じ仕事を繰り返すと飽きてしまう人もいる。

> 客観的に見ると一見,不合理に見える行動も,当人が持っている価値序列や心理状態,直面している状況の相互関係から見れば,実は理に適っているのである。その意味でインセンティブと性格は,人としての情の論理とも言い換えられる。

銀行の行動についてみれば,「護送船団方式」や「元本保証主義」といった「アメ」が,金融機関をモラルハザードという誤った行動へ誘うインセンティブをつくってしまったのです。では,逆にこれらのルールを全部撤廃してしまうとどうなるでしょうか。銀行は経営破綻を回避するために死にもの狂いで努力するインセンティブに直面します。しかしそのような「ムチ」の結果,金融機関の行動はものすごく保守的になってしまい,新しいサービス・商品の開発は逆にこれまで以上に期待できなくなるかもしれません。また,よい経営をしていても,景気など銀行自身には

どうしようもない理由で一時的に支払いが難しくなるかもしれません。そんな場合にも当局が一切サポートしなければ，経済全体の混乱にも結びつきかねません。したがって，「アメ」と「ムチ」をうまくバランスさせて「最適なインセンティブ」をつくりだすというインセンティブ設計の問題を解かなければいけないのです。

ここで注意すべきことは，政府や預金者が銀行の行動を完全に把握することは難しい，という点です。もしも銀行の決定・行動をいつも完全に，何のコストもかけずに知りうるのならば，インセンティブ設計をわざわざ問題にするまでもないことになります。「よい経営」と「悪い経営」を正確に把握できるならば，「よい経営が行われていながら，不幸にも経営困難に陥ったならば，そのときのみ救済する」といったルールを確立すればよいからです。しかし，銀行の経営を正確に把握することは不可能か，万が一可能だとしても高くつきすぎます。このようにモラルハザードには，当事者の間で行動についての情報が完全に共有されていないという前提条件があります。この条件は**情報の非対称性**(information asymmetry) と呼ばれます。この点を強調して，モラルハザードを**隠された行動** (hidden action) と呼ぶこともあります。こうして，今日の経済学の適用範囲の広い問題設定のひとつは，「情報の非対称性の下で，適切な行動に導く最適なインセンティブを設計すること」として与えられるのです。

そこで，以下ではモラルハザードを引き起こす主体と，モラルハザードを緩和するインセンティブを設計しようとする主体とを明示的に考えてみましょう。銀行のモラルハザードの例では前者

が銀行,後者が政府です。失業保険,人民公社体制,耐震データ偽造問題,診療報酬などでも,インセンティブを設計する主体は政府となります。一方保険の例では,前者が保険加入者,後者が保険会社となります。また,日本レストランシステムの例では,前者が子会社,後者が日本レストランシステムという関係になります。

4 利害の不一致が問題を生み出す

　経済学の業界用語では,前者の主体を**エージェント**（代理人,agent）,後者の主体を**プリンシパル**（依頼人,principal）と呼び,彼らの関係を**エージェンシー関係**（agency relationship）と呼びます。このエージェンシー関係の枠組みは,上記の例からも明らかなように,さまざまな問題に適用可能なものです。経済学や関連分野で扱われている例をさらに挙げましょう。(1) 企業統治（コーポレート・ガバナンス）の問題。企業統治とは,会社に対して利害関係にある株主,債権者,従業員,取引会社,地域社会などの利害関係者（ステークホルダー）が,会社の経営者を規律づける仕組み,のことです。(2) コンビニ,ハンバーガー,印刷チェーンなどの業界では,フランチャイザー（たとえばローソン,マクドナルド,キンコーズ）と加盟店との間のフランチャイズ（FC）契約関係が盛んに利用されています。(3) 資金を都合する銀行やベンチャーキャピタルと借手の会社や起業家の間の関係。企業金融の問題の多くはエージェンシー関係の枠組みを応用することによって研究されています。(4) 会社の経営陣と従業員の関係もエージェンシー関係とみなすことができます。いわゆる成果主義（業績連

動報酬) の効果の理解を深めるために有効なアプローチです。学生の皆さんも，あるときは学校や教師を適切に機能させる仕組みを考えるプリンシパルの立場，また履修する授業では，勉強させられる仕組みを設計する教師のエージェントの立場に立つことになります。

　プリンシパルとエージェントの間には，利害の不一致の可能性があります。その結果，エージェントが自己利益を追求することが，プリンシパルにとって望ましくないという可能性が出てきます。プリンシパルとエージェントの利害が完全に一致しているならば，そもそもインセンティブを設計する問題は何も生じません。しかし，現実世界はモラルハザードの事例にあふれ，インセンティブ設計の問題が山積みです。プリンシパルとエージェントの間には何らかの利害の不一致があるはずです。

　利害が必ずしも一致しないということを前提に考えると，プリンシパルは，インセンティブ設計の問題をうまく解かなければならなくなります。そして，インセンティブ設計者であるプリンシパルを明示的に考慮することによって，インセンティブ設計のコストに注目することができます。インセンティブ設計のコストをまったく考慮しなくてもいいならば，エージェントのモラルハザードを引き起こさない制度を設計することは可能でしょう。しかし，通常モラルハザードを完全に解決する仕組みは非常に高くつきます。そのコストを考慮すると，完全な解決を試みず，モラルハザードをある程度緩和する仕組みで満足する方が望ましい場合もあります。また，コストを考慮しないでもいい理想的な世界で望ましい制度と，コストを考慮した現実的な世界で望ましい制度とが，大きく異なる場合もあります。たとえば会社の経営者

が，株主，債権者，従業員，取引会社，地域社会などの利害をすべて適切に考慮するようにインセンティブを与えることができれば，いいに決まっています。しかし，そのような仕組みを実現するためには，あまりに多くのコストを利害関係者に負担させる必要があります。その結果，現実的には株主の利害のみを考慮させる仕組みにしておく方が，コストを考慮した，より現実的な世界では，すべての利害関係者にとっても最善の結果となることさえあるのです。

5 「隠された行動」への3つの対処法

さて，エージェントの「隠された行動」への対処の方法は，大きく3つに分類することができます。(1)「行動」を直接監視（モニタリング）する。(2)エージェントをプリンシパルにしてしまう。(3)成果（アウトプット）にもとづくインセンティブ設計を行う。以下，これらの対処方法を説明していきましょう。

(1) 「行動」を直接監視（モニタリング）する

行動が「隠されている」ことがそもそも問題の根っこにあるのですから，隠されている行動を監視して明らかにしてしまおう，という方法です。典型的な例は抜き打ち検査です。授業の出席をとること，子ども部屋を調べること，学校での持ち物検査，そして政府によるさまざまな検査など，例は多様です。もちろん，監視には多くのコストがかかります。そもそも常に監視するのではなく抜き打ちで行う，ということ自体からも，監視にコストがかかることがわかります。しかし，常に監視するシステムもありま

す。日本の鉄道では，乗車券のチェックを改札でかなり厳密に行っています。かつては改札口で駅員が切符を切って監視していましたが，自動改札やICカードの普及で，監視の精度が非常に高まり，キセルは困難になりました。監視システムの設計に膨大なコストをかけてきたわけです。他方，外国では改札口での監視は緩く，むしろ抜き打ち検査で監視して，切符を持っていない乗客に多額の罰金を科すという方法をとっているところも少なくありません。

技術進歩による直接監視のコスト低下には目を見張るものがあります。トラックによる運送業界では，トラックの運転状況についての詳細な情報を記録するオンボードコンピュータ（OBC）の進歩と普及によって，運転手の行動を監視することが可能になり，監視コストが大幅に低下したといわれています。

しかし，直接監視のコストが相変わらず高い「行動」も少なくありません。大教室での授業で，学生がちゃんと勉強しているかを監視することは容易ではありません。授業中にノートパソコンを開いている学生が何をしているかなんて，いちいちチェックしていられません。最近ではインターネットを利用して，資料の提示，実験・演習の実行，レポートの提出や成績データの集計が行えるe-Learningシステムが利用可能になってきました。僕も大学が提供するシステムを利用しています。そのようなシステムがなかった時代に比べれば，学生がちゃんとログインして閲覧しているかどうか，実験・演習を実行したかどうかを確認することができるようになりました。しかし，厳密には「直接」監視していないわけで，教材をダウンロードしただけだったり，実験・演習を実行した「ふり」をしている学生も少なくありません。彼らがログインして各教材に取り組んでいた時間などを細かくチェック

すれば，もっと正確な監視が可能になるのでしょうが，教える側にとってそのような時間のコストはバカにならないものです。

(2) エージェントをプリンシパルにしてしまう

これはある意味究極の方法ですが，現実例も少なくありません。企業統治では，会社の経営陣が株主より自社株を買い取ってオーナー経営者となったり，会社の事業部のトップがその事業の譲渡を受けて独立することなどが例として挙げられます。プリンシパルだった株主が，エージェントである経営陣（前者の例）や事業部のトップ（後者の例）に会社や事業の所有権を売却し，プリンシパルの地位を手放すことを意味します。米国のタクシー運転手は，一定の金額を支払って車両を会社から借りますが，その代わりに稼ぎをすべて手に入れることができます。ただしガソリン代なども自分で払います。いわばタクシー会社は，一定の金額でプリンシパルの地位を運転手に売り渡したようなもので，運転手は個人事業主であるかのような立場です。

実はこの方法は，次に説明する（そしてこの章の残りの大部分を占める）「成果（アウトプット）にもとづくインセンティブ設計」の極端な例とみなすこともできます。

(3) 成果（アウトプット）にもとづくインセンティブ設計を行う

たとえ「行動」というインプットを直接観察することは難しくても，そのアウトプットである「成果」は観察することができる場合が少なくありません。そこでアウトプットにもとづくインセンティブ設計を考えてみましょう。実際，アウトプットにもとづいて報酬を支払う仕組みは，さまざまな職業で利用されています。打率，出塁率，盗塁数，本塁打数，勝利数，チームの成績な

どに応じてボーナスが支払われるプロ野球選手のインセンティブ契約，販売数や売上高に応じて給与が増える販売員の歩合給，店舗売上・利益の一定割合を手に入れることができるコンビニ店長のフランチャイズ契約，会社役員・経営者がある時点で決められた価格で株式を購入できる権利であるストック・オプションなど，きりがありません。

ビートルズは苦労の末，1年間に4種類のレコードを出すことができる契約を結ぶことになりましたが，1枚売れるごとに1ペニーが支払われ（それをメンバー4名とマネージャーの計5名で分け）るという業績連動報酬となっていました。上記の米国のタクシー運転手の報酬も，売上の100％を手に入れるという業績連動となっています。また，前章からの問題である，野菜を市場から仕入れてレストランチェーンに納入する子会社の例を考えてみましょう。子会社がレストランチェーンと，あらかじめに決められた固定価格を支払われる契約を結んだならば，野菜の仕入れの費用の変動リスクを子会社がすべて負うという問題を指摘しました。他方，仕入れ費用を工夫して削減する努力という「隠された行動」の成果は，すべて子会社のものとなります。つまり，固定価格は費用削減という成果を還元する支払い形態でもあるのです。同様に，政府があらかじめ算定した診療報酬を事前に医療機関と契約し，実際に要した治療費用水準にかかわらず定額報酬のみで治療費用を償還する定額制では，医療機関は治療費用削減という成果にもとづいて支払われているといえます。

大学の授業も，直接監視の難しさもあって，中間・最終試験の成績という「成果」に依存させて成績を決める部分が大きいと思います。もっとも大学でよい成績をとることが十分強いインセンティブとして機能しなければ，「単位さえとれればよい」という

目的での行動となって，単位のとりやすい授業を履修する傾向が生まれてきてしまいます。また，よい成績をとるインセンティブがあっても，優やAを乱発する教員の授業に学生が流れてしまいます。成績の分布を授業間である程度統一して，成績の情報価値を高める工夫も必要になります。

6 業績連動報酬の問題点

　業績連動報酬には，「隠された行動」の水準を高めるインセンティブをもたらす効果があります。このこと自体に異論はないでしょう。また，業績連動報酬を利用することには，そのような報酬体系に適した人材を引きつけるという効果もあります（この効果については次章で詳しく紹介します〔168頁〕）。しかし，いいことばかりではありません。まず，前章で論じたリスク分担の問題があります。子会社とレストランチェーンの間の固定価格契約では，野菜の仕入れ費用の変動リスクを子会社がすべて負うことになり，そのリスクを受け入れてもらうために，レストランチェーンは十分高い固定価格を支払わなければなりません。小規模な子会社の方がリスク回避的で，規模の大きいレストランチェーンがリスク中立的だとすると，リスクをすべてレストランチェーンが負担するコストプラス契約を結ぶことによって，子会社への期待支払額を節約できることになります。しかし，逆にコストプラス契約の下では，子会社に費用削減努力をするインセンティブはまったくありません。実際の仕入れ費用の変動は価格にそのまま反映され，子会社の利益は費用削減の成果にかかわらず一定になるからです。

このようにリスクとインセンティブの間にはトレードオフがあります。望ましいリスク分担の仕方を追求すれば，子会社（エージェント）が適切な「隠された行動」を選ぶインセンティブが失われ，逆に強力なインセンティブを求めるとリスク分担の仕方が歪められてしまいます。このトレードオフをうまくバランスする水準に，業績連動の程度を設定する必要があります。たとえば，仕入れ費用の変動をそのまま価格に転嫁するのではなく，一定割合のみ転嫁できるような契約を設計することが一案です。転嫁できる割合がゼロならば固定価格（子会社がすべてのリスクを負担），1ならばコストプラス（レストランチェーンがすべてのリスクを負担）で，その間の適当な割合を探して，インセンティブとリスクのトレードオフをうまくバランスさせることが望ましくなります。この水準は，仕入れ業者である子会社の規模が大きくリスク許容度が高い場合や，費用削減能力に秀でている場合に，小さな（つまりリスク分担の度合いが低くインセンティブが強い）割合となります。実際これらの関係は，日本の自動車産業での組立メーカーと部品供給業者との間の契約で確認されています。弱小下請け業者を搾取する，というイメージとは違い，規模が小さく技術力の弱い業者ほど，費用の変動を価格に転嫁できる割合が大きくなっているのです。

成果（アウトプット）にもとづくインセンティブ設計を行う場合の第2の問題は，業績指標としての「成果」の選び方です。成果を用いる理由は，あくまで「隠された行動」を引き出すためにあるのですが，「行動」の水準と「成果」が完全に1対1に対応していることはまずありません。「成果」は「行動」の不完全な指標でしかないのです。したがって，業績連動の仕組みを導入す

るのであれば，同時に業績指標の精度を高める努力をする必要があります。たとえば仕入れ費用の変動に影響を与える天候などの情報を追加的に利用することが考えられます。また，同業他社の情報も「成果」の精度を高めることに役立ちます。ある業者の仕入れ費用が同業他社よりも低いならば，前者の費用削減努力の結果である可能性が高まるからです。ただし，「行動」にかんする「成果」の精度を高めることに貢献しない情報を追加的に利用することは，より大きなリスクを持ち込むだけなので避けなければなりません。石油会社の経営者の報酬は原油価格に依存すべきでしょうか。原油価格の変動は経営者の経営努力とはほとんど関係ないので，そのような連動は経営者の直面するリスクを高めるだけの無駄なものです。

しかし，どんなに努力しても，「成果」は「行動」の不完全な指標でしかないことは，しつこく繰り返しておきたいと思います。というのは，成果（アウトプット）にもとづくインセンティブ設計は不完全な指標を利用するので，「隠された行動」を歪めてしまう可能性があるからです。世界記録を破るごとにボーナスを支払われていた棒高跳び選手のブブカは，それまでの記録を常に最小限の差で破る，ということを繰り返すことで，多額のボーナスを何度も手に入れたといわれています。かつて社会主義国であった旧ソ連では，生産労働者の多くは出来高給，すなわち生産量1単位あたりいくら，という契約によって支払われていました。生産量が多いほど収入が増えるわけですから，結果的に彼らは品質を無視して，大量の生産にいそしむことになりました。生産品の多くが不良品で使い物にならなかったのは必然といえます。利益が前年を上回ればボーナスを支給されることになった販

売部長は，出荷のタイミングを操作することによってボーナスを手にしようとします。

これらの問題は，利用される業績指標が不完全で，インセンティブを設計する主体（プリンシパル）が真に高めたいと考えている価値との間に乖離が生じてしまうことで起こります。エージェントの方は与えられた業績指標を高めることに全力を注ぐのですが，その結果，本来求められている価値にとってはマイナスとなる選択が行われてしまうのです。このような問題は，エージェントが複数の仕事，たとえばより多く生産する仕事と品質を維持する仕事，に携わっていることから発生するので，経済学の業界用語では**マルチタスク問題**（multi-task problem）と呼ばれることもあります。販売部長の例では，前年利益という目標数値に報酬を依存させることによって，目標クリアという特定の方向にインセンティブが強く効き過ぎ，他の仕事への注意がおろそかになってしまうために起こると考えることができるわけです。

したがって，利用可能な業績指標が不完全なものであることがわかっているならば，その弊害が起きないような対処が欠かせません。生産量にもとづく出来高給を採用するならば，品質に対する監視や品質にもとづくボーナスによって補完することが大切です。また，品質をうまく測れないならば，そもそも生産量を増やす強力なインセンティブをもたらす出来高給をやめた方がよい場合さえあるでしょう。塾講師には合格という明確な目標を持った生徒を相手に，明確な業績指標にもとづく強力なインセンティブが与えられます。その弊害はさほど大きくありません。が，大学教員の場合には教育にもそれほど明確な目標がなく，かつ教育以上に重要な研究や，その他大学運営にかんする仕事があります。教育に対して強力なインセンティブを与えることの弊害は大きい

でしょう。その結果,塾講師とは異なり,給与は固定給に近いものとなります。ちなみに米国では,他の大学からオファーがなければ昇給することはあまりありません。他の大学から魅力的な給与のオファーがあれば,それを現在勤務している大学に提示して交渉することによって,昇給する可能性が出てきます。よって教員は他大学でのセミナーで研究報告をするなど,積極的に外に出かけます。と同時に,勤務している大学での仕事もこなしておかないと,他大学からのオファーを提示したらあっさりと「じゃ移籍すれば」と切り捨てられることにもなりかねません。

報酬を業績に連動させることの第3の問題は,「内発的動機づけ」との関係です。人間のモチベーション(動機づけ)は,外発的か内発的かの2種類に分類することができます。外発的動機づけは人間の外側からの働きかけ,内発的動機づけは意欲を内側から高める働きかけです。業績連動報酬は外発的動機づけ,「行動」それ自体が動機づけの源泉になるのが内発的動機づけです。「仕事をバリバリこなすこと自体が楽しい」というのが後者の例ですね。

問題なのは,業績連動報酬のような外発的動機づけの利用が,内発的動機づけを締め出し,トータルとして動機づけをむしろ弱めてしまう効果があると指摘されていることです。もともとは心理学など,経済学とは異なる分野で指摘された問題ですが,最近では経済学でも分析対象となっている重要な問題です。

なぜ,このようなマイナスの効果が業績連動報酬にあるのかを理解するためには,むしろ経済学的なアプローチがとても有効だと思います。ここではふたつの可能性を指摘しましょう。まず,先ほど指摘した,業績指標が不完全であることから生じる問題と

して理解することが可能です。内発的動機づけをもたらす業務に対して適当な業績指標がないと仮定しましょう。すると，利用可能な業績指標にもとづく強力な業績連動報酬を導入することによって，エージェントの注意はその業績指標に向けられ，それを高めることに突き進みます。その結果，内発的動機づけを持つ業務の方がおろそかになってしまい，トータルとして生み出される価値が下がってしまう可能性があります。よい成績をとることのインセンティブ効果が不十分な大学でも，「勉強することが楽しい」というように，内発的に動機づけられている学生も多数いて，厳しい授業やゼミを履修しています。この状況で，よい成績をとらないと卒業後の進路に大きく影響するという「業績連動」の仕組みが導入されると，知的好奇心を持って難しい授業にチャレンジする学生は，かえって減ってしまうかもしれません。

　内発的動機づけが締め出されることを解明する第2の可能性は，プリンシパルがエージェントに業績連動報酬を提供することがもたらすマイナスの情報効果にあります。エージェントには自分自身についての確信，仕事や社会規範などに対して不完全な知識しかなく，むしろプリンシパルの方がよく知っていると仮定しましょう。すると，強力なインセンティブをもたらす業績連動報酬を提供されたエージェントは，その裏にあるプリンシパルの知識を深読みすることになります。たとえば，能力やヤル気の劣る従業員や，大変な仕事を割り当てられた従業員ほど，報酬を業績に連動させて努力を引き出す必要性が高い職場を考えてみましょう。この職場で業績連動報酬を提示された従業員は，「自分の能力が不十分だからか…」「自分を突き動かす欲求は弱いのか…」「この仕事はそんなに大変な仕事なのか…」と考えてしまう可能

性があります。また、「この会社は、強力な業績連動報酬制度を導入しないとうまく回らないほど、利己的な人間に満ちているのか…」と深読みする可能性もあります。

この情報効果は、次の第7章のテーマである「隠された情報・知識」の問題です。というのは、このようなマイナスの情報効果があるのは、従業員の適性、仕事の難しさ、会社の構成員の特徴などについて、エージェントである従業員よりも、プリンシパルである会社の方がよく知っており、エージェントには「隠され」ている状況だからです。そしてエージェント自身も、そのような「隠された情報・知識」の存在を認識しているために深読みして、結果的にエージェントのインセンティブにマイナスの効果をもたらす可能性があるのです。

7 大切なのはお金だけじゃない

ここまで、成果にもとづくインセンティブ設計として、主に業績連動報酬を取り上げてきました。業績連動報酬というと金銭的なインセンティブのイメージだと思いますが、非金銭的なインセンティブも同様に考察することができます。大学の成績がよいほど給与の高い会社に就職できるわけではないかもしれませんが、やりがいのある仕事を得る可能性、大学院に進学して勉強を続けられる喜び、もっと直接的な達成感などが、よい成績をとるインセンティブとして機能しているかもしれません。日本では、大学教員の研究成果と給与はあまり結びついていません。また、経済学の分野では教員の大学間の異動もかなりありますが、より高い給与の大学に異動するという関係はおそらく見いだせないでしょ

う。金銭的インセンティブよりもむしろ、学会での名声・評判を得たり、研究・教育環境のより優れた大学に異動したり、知的好奇心を満たすことが研究の主要なインセンティブになっていると思われます。

会社内では業績連動させた年俸制よりも、昇進・昇格と連動させた「積み上げ型」の給与体系が主流です。前章でもふれたように、この特徴にはリスク分担の側面がありますが、昇進・昇格が社内外での名声・評判や、よりやりがい・責任・裁量のある仕事をもたらしてくれる可能性があるために、インセンティブとして用いられやすくなります。

ただし、従業員の昇進には、彼／彼女の能力・適性と仕事とを結びつけるという役割もあります。この役割とインセンティブとしての役割とが相容れなくなる可能性もあるので、注意しなければなりません。なぜならば、過去に大きな成果を上げた人を、やりがいのある仕事に昇進させるか、それともその仕事に対する適性がより高い人に割り当てるか、という選択の問題が生じうるからです。また、従業員の能力・適性は、会社全体に共有されている情報ではありません。本章6節の業績連動報酬のマイナスの情報効果のところ（144頁）でふれたように、会社の方が上司等の評価を通してよく知っていることもあれば、当事者がいちばんよくわかっている部分もあり、「隠された行動」とは異なる情報の非対称性が関係してきます。次の章で、この第2の情報の非対称性である「隠された情報・知識」の問題を紹介することにします。

第7章

真実を引き出す
~逆淘汰とインセンティブ設計~

1 優良顧客が減っていく…

 前の章で紹介したモラルハザードは，保険契約者，銀行，子会社などエージェントの選択する行動がプリンシパルには把握できないという，「隠された行動」による情報の非対称性の問題でした。本章では，もうひとつの情報の非対称性の問題を考えます。

 まず最初に，第2の情報の非対称性を保険業界を例に紹介し，どうしてそのような情報の非対称性が生まれるのか，非対称性が市場での取引や交渉にどのような影響を及ぼすのか，をいくつかの例を通して説明します。続いて，情報の非対称性にどのように対処するかについて，うまく情報を伝える・引き出すための重要な方法を紹介します。ちなみに本章の話題は，2001年のノーベル経済学賞の受賞研究と密接に対応しています。

 モラルハザードがもともと保険業界で使われていた用語であるのと同様に，もうひとつの情報の非対称性の問題も保険業界で知られていました。昔から体力自慢で，日常生活も規則正しく健康に自信のあるケンタ氏，いまは元気だけど昔から病気がちで心配性なショータ氏，どちらかというと後者のショータ氏の方が，医療保険に加入することを真剣に考えるでしょう。同様に，所持品管理に不注意な人の方が盗難保険に，自動車の運転に自信のない人の方が自動車保険に加入する傾向が強いと考えられます。しかし，保険契約がこのような契約者に偏ることによって，保険会社が保険金を支払う可能性が高まります。これは保険会社にとってはあまり望ましいことではありませんよね。

 このように，保険契約者が保険会社の負担を増やす可能性の

高い人に偏りやすい問題を，**アドバース・セレクション**（逆淘汰, adverse selection）といいます。逆選択・逆選抜という訳語が使われる方が多いかもしれませんが，以下では逆淘汰と呼ぶことにします。健康に自信がある人，所持品に注意深い人，自動車の運転がうまい人など，保険会社にとって本来望ましい加入者が，保険契約から淘汰されてしまう問題ともいえます。というのは，逆淘汰の可能性を考慮すると，保険会社は加入者に支払ってもらう保険料を高くする必要があります。しかし保険料を高くすると，そのような保険料を払ってまで保険に加入しなくともよいと考える人が，保険に加入しなくなります。このようにして淘汰される人とは，まさに健康に自信がある人，所持品に注意深い人，自動車の運転がうまい人など，保険会社が加入を歓迎する人たちなわけです。こうして，たとえば健康な高齢者が保険料が高すぎて保険に加入できない，というような問題が起こってしまうわけです。

モラルハザードは「隠された行動」という情報の非対称性に起因していました。逆淘汰の根底にも情報の非対称性がありますが，その性質は「隠された行動」とは少し異なります。保険会社にはわからない加入者の健康，注意深さ，運転能力などは，加入者が選択する行動というよりはむしろ，加入者がもともと持っている情報や知識だからです。この点から，逆淘汰を「隠された情報・知識」の問題と呼ぶこともあります。以下では簡単に**隠された知識**（hidden knowledge）と呼ぶことにしましょう。

元来保険業界で指摘されていた逆淘汰という問題は，さまざまな分野で起こっています。会社が賃金カットや希望退職者募集を行うと，本来やめてほしくない，高い能力や適性を持った従業員ばかりがやめてしまう問題，銀行が金利を上げると，返済できな

くなる可能性の高い，危険な借手ばかりになってしまうという問題，これらの問題も逆淘汰の例です。

2008年の金融危機の根底には，逆淘汰の問題があったといわれています。「プライム」という優良顧客よりも信用度の低い「サブプライム」の層に，どの程度の返済能力があるかは，貸付け会社にはなかなかわかりません。すると，サブプライムローンを借りるのは返済能力の怪しい借手ばかりになってしまう危険があります。もちろん，貸手もその危険を察知して，債権を小口に分割して証券化し，リスクを分散しようとしたのですが，その結果リスクがどのように散らばったのかがわからなくなるということにもなりました。こうして，サブプライムローンにおける逆淘汰の問題に端を発して，金融危機が引き起こされたといわれています。経済全体のマクロの問題も，ミクロの視点から考えていくことが大切なのです。

2 消える取引，消さない工夫

より一般的に，売手と買手の間の取引で，販売する製品やサービスの「品質」について，売手の方が情報を持っているとき，逆淘汰が問題となります。たとえばフリーマーケットでの取引を考えてみましょう。第4章の冒頭 (76頁) でふれたように，雑多なものが売られているフリーマーケットをひとつの市場として分析することはできませんが，特定の商品についての市場取引を分析することは可能です。買ってもいいかなと思わせる商品がみつかっても，一見しただけではわからないさまざまな品質にかんする情報（使い心地，耐久性，修理履歴，欠陥の有無等々）は，売手の

みが持つ「隠された知識」です。売手が正直にすべての情報を公開してくれるとは限りません。その結果，買手は品質にかんする不確実性に直面することになり，満足のいく品質以下の商品をつかまされるリスクを考慮して，新品で品質が完全にわかっている場合よりも，低い価格しか支払いたくないでしょう。すると，本来満足できる水準以上の商品を売ろうとする売手にとっては価格が低すぎることになり，結局そのような低い価格で取引に応じるのは，品質に問題のある商品の売手ばかりになってしまう可能性があります。さらに買手がそこまで先読みすれば，いっそう低い価格でしか購入しないか，そもそも取引を断念することになります。こうして，情報の非対称性がなければ成立したはずのフリーマーケットでの市場取引の機会が，隠された知識によって失われてしまうことさえ起こりえます。

　逆淘汰により市場取引が成立しなくなる問題は，2001年にノーベル経済学賞を受賞したアカロフ (George A. Akerlof) の「レモン市場」の分析で知られるようになりました。僕は1980年代に米国カリフォルニア州の大学院に留学したのですが，生活のために自動車が欠かせない一方，学生の身分で新車を買う余裕はありませんでした。大学の掲示板をはじめキャンパスのいたるところに，自動車の所有者が「売るよー」という広告メモを貼り付けていました。しかし，なかには品質に問題がある欠陥中古車も売りに出されています。輪切りにしてはじめてしなびた中身がわかるからか，アメリカ人の酸っぱいものを嫌う嗜好を反映してからか，そのような欠陥中古車は「レモン」と呼ばれています。ひょっとしたら掲示板にあるのはそのような「レモン」ばかりかもしれないのです。こんな中古車市場の分析を通して，アカロフは隠された知識が市場での取引を阻害することを鮮やかに示

し、市場での逆淘汰の問題が脚光を浴びるようになっていきました。

　買手が隠された知識を持っている場合もあります。会社がカスタム部品の製造を発注したり、保守サービス業務を委託する場合には、買手である会社の方が、売手である部品メーカーや保守サービス請負会社よりも、部品やサービスのコスト情報を持っていることがあります。コスト構造について不確実な売手は、十分高い価格を要求しますが、コストの低い買手ほど自前で部品製造や保守サービスを行うことに方針転換します。こうして、結局コストの高くつく買手ばかりが淘汰されずに残ってしまうことが問題となるのです。

　逆淘汰が問題になるのは、市場取引ばかりではなく、会社組織でも同様です。先に、希望退職者を募集するとやめてほしくない従業員ばかりがやめるという問題にふれました。別の例として、たとえば本社にとってなじみのない新規事業の場合には、提案されるプロジェクトのなかに「レモン」が混じっているかもしれないと予想して、本社はプロジェクトの実施を認めるハードルを高くします。その結果、結局既存事業のプロジェクトばかりが承認されて、将来性ある新規プロジェクトになかなかゴーサインが出ない、という問題が生じることになります。

3　情報の偏りは必然

　しかし、なぜ情報・知識は隠されるのでしょうか。情報を共有することはさほど難しいことではないようにもみえます。まず、

情報の非対称性は不可避な現象であることに注意しましょう。市場や組織の強みは分業にあります。それぞれの国家，企業，部署，従業員などが特定の分野に特化し，取引を行うことによって大きな価値が生み出されます。しかし，特化するということはまた，特化した分野にかんする知識や情報が蓄積されることになり，情報が市場や組織のなかで偏在し，共有されない状態を必然的に生み出すことになるのです。

そして，これらの知識・情報を共有することは容易ではありません。そもそも特化している本人にはわかっていても，それは「暗黙知」のようなもので，異なる部署や専門外の人に伝えるために形式的な数値やコトバにまとめる過程で，多くの大切な情報が抜け落ちてしまう可能性があります。

また，自らの情報を開示せずに他の人の決断にしたがうことを選んでしまう，という問題もあります。米国の情報機関は，2000年代はじめに，イラクに大量破壊兵器が存在するという誤った認識に到達していました。そのような認識を疑う情報もあったのですが，他の多くの情報が大量破壊兵器の存在に肯定的なものであったため，逆の情報の所有者は多数派になびいてしまったのです。実は肯定的な情報の多くが単一の，しかも誤った情報源から得られたものであったことがわかったのはずっと後になってからのことでした。こうして，大切な情報（この場合は大量破壊兵器の存在を疑う情報）が隠されたままになってしまうということが起こったのです。

なぜ多数派になびいてしまったのでしょうか。もっと身近な例で，隣り合った2軒のレストラン，アラン亭とビストロボンのどちらに入ろうか，という状況を想像してください。アラン亭に

は多数の客がいて，ビストロボンにはほとんど客がいないときには，ビストロボンに好意的な情報を持っていても，多数の客がいるアラン亭に入ってしまうことがあります。ひょっとしたらアラン亭の客の大部分はビストロボンに好意的な情報を持っていたかもしれないのに，最初の2〜3組の客がたまたまアラン亭に好意的な情報を持っていて入ってしまったために，他の客もアラン亭に流れるという結果になることさえあるのです。このような現象が発生するのは，みんなが何となく適当に選ぶ場合のみではありません。各人が，すでにアラン亭を多くの客が選んだという結果から緻密に推測した結果としても起こりうるのです。

たとえば，たまたまその日の最初の客はアラン亭に好意的で，アラン亭に入ったとします。2人目もたまたまアラン亭に好意的で，アラン亭に入ったとします。さて，3人目からは全員ビストロボンに好意的だとしましょう。しかし，3人目の客はアラン亭に客が2人いてビストロボンに客がいないことから，アラン亭に好意的な情報を持っていたのが2人，ビストロボンに好意的なのが自分1人，という情報を総合して緻密に推測した結果，アラン亭を選択する方が望ましくなる場合があります。4人目以降にとっても同様で，他の客が全員アラン亭にいるという観察から，アラン亭を選択することが望ましくなります。こうして3人目以降は全員ビストロボンに対してより好意的だったとしても，その情報が隠されたままで終わってしまうのです。この現象は**合理的群衆行動**（rational herding）と呼ばれています。なお，以上の分析を厳密に行うためには，第5章でもふれたように，自然の不確実性がある状況で，情報に応じてどのように予想を改訂していくかについての確率のお勉強が必要になります。

この例では，仮にその日のすべての客が一堂に会して情報を交換すれば，圧倒的に好意的な人が多いビストロボンに行くことに全員合意することになります。少し異なる例ですが，電子メールで情報共有が容易になったと思っていても，電子メールが相手に届かない可能性が常にあります。わずかでもそのような可能性があると，有限回のやりとりでは情報を共有することができない，という理論的な結果さえあります。やはり「対面に勝る意思疎通なし」ということですね。

4 情報を隠して交渉に勝つ

　情報が隠されてしまう理由には，知っていることを隠すことによって自分の取り分を増やすことができる，という戦略的な理由もあります。中古車を手放そうとする人でもフリーマーケットでの売手でも，買手にすぐにわかることを除いて，自分が販売する商品のことを悪くいう人はほとんどいませんよね。また，仮に商品の品質について隠された情報がなくても，価格交渉において，買手が最大いくらまで支払ってもいいと考えているか（買手の留保価格），売手がいくら以上ならば売ってもいいと考えているか（売手の留保価格），はそれぞれ買手と売手が私的に持つ情報で，相手にはわかりません。そして，それを相手に正直に教えることはまずありえません。なぜならば，その情報を秘密にしておく方が交渉上有利になり，合意で生み出される価値のうちより多くの部分を手に入れることができる可能性を高めるからです。

　あるフリーマーケットで古着を売ろうとしているみかん（売

手）は，5000円以上ならば売ってもよいと考えていて，サザエ（買手）は9000円以下ならば買ってもよいと考えているとしましょう。すると，この売買交渉が成立すれば，留保価格5000円と9000円の差額4000円が新たな取引価値として生み出されます。そして仮に真ん中の価格7000円で合意したならば，サザエは9000円まで出してもよいと考えていた商品を7000円で購入できるわけですから，差額の2000円がサザエに，みかんは5000円以上ならば手放してよいと考えていた商品を7000円で売ることができたわけですから，差額の2000円がみかんに分配されたと考えられます。こうして取引の価値4000円のうち，サザエとみかんの取り分はどちらも2000円となります。

この状況で，買手は自分の留保価格が少しでも低いと売手に信じさせたいと考えることに注意しましょう。たとえば，みかんがサザエは7000円以下でしか買わないと信じたならば，真ん中の価格は6000円となり，サザエの取り分は実際の9000円と6000円の差額3000円に増加し，みかんの取り分は5000円と6000円の差額1000円に減少します。同様に，みかんは自分の留保価格が少しでも高いとサザエに信じさせたいと考えています。現実でも買手は低めの価格，売手は高めの価格から出発して，徐々に差が縮まっていきますよね。しかし，売手がしつこく高い価格をふっかけ続けると，買手は取引をあきらめてしまうかもしれません。こうして，売買によって4000円の価値が生み出されるはずだった取引が，情報の非対称性のために成立せずに終わる，ということも起こりえます。

第3章7節（59頁）でふれた事例ですが，2006年シーズン終了後に，当時西武ライオンズの松坂大輔投手が，ポスティングシ

ステムを利用してボストン・レッドソックスと契約しました。ポスティングシステムによってレッドソックスが独占交渉権を獲得しましたが，30日間の独占交渉期間に契約が合意にいたらないと，翌年松坂選手はメジャーリーグでプレーできず，また，レッドソックスも松坂選手を獲得できません。契約合意によって大きな価値が生み出されるのは明らかです。しかし，契約に合意したのは期限ぎりぎりでした。松坂選手の代理人を務めるスコット・ボラス氏は，新人の入団を1年遅らせてまで，巨額の契約金，年俸，付帯条件などを獲得することもあるそうです。1年の遅れは，隠された知識がもたらす価値の損失と考えることができます。日本でも2010年シーズン終了後に，そのような遅れが現実のものとなりました。楽天イーグルスの岩隈久志投手に対して，オークランド・アスレチックスがポスティングシステムによって交渉権を獲得しましたが，期限までに合意にいたらずに，岩隈選手は楽天に残留して1年後のFAでの移籍に期待することになったのです。同様に2012年1月には，西武ライオンズの中島裕之内野手とニューヨーク・ヤンキースとの交渉が決裂しました。さまざまな原因が指摘されていますが，日本での実績が必ずしもメジャーでの実績に結びつかない例も増えていて，日本人選手をなかなか適切に評価できない，という隠された情報の問題も原因のひとつと考えられます。

では，いかにして逆淘汰，より一般的には隠された知識の問題に対処すればいいでしょうか。隠された知識を知るために役に立つ追加情報を探す，ということを誰でも考えるでしょう。自動車保険に加入する際には，年齢，運転する人，用途，優良免許証かどうか等々に依存して保険料が決まります。サブプライムローン

の多くは証券化されて投資家に販売されますが，格付機関による商品ごとの格付によって品質が判断され，投資決定に反映されます。1980年代にキャンパスの掲示板で宣伝された中古車を購入するときには，試乗することはもちろん，修理工にチェックしてもらい彼／彼女の意見を参考にすることが普通に行われていました。今日では，価格ドットコムなどの情報サイトでのユーザーレビューやクチコミが，ネットオークションでの購入ならば販売者の評価が，ウェブ上に公表されていて参考になります。2011年12月にミルウォーキー・ブリュワーズが，独占交渉権を獲得したヤクルト・スワローズの青木宣親外野手に対して交渉前に入団テストを行ったことは，情報の非対称性を解消する試みとして理解できそうです。これらの例が示すように，当事者について比較的簡単に入手できる追加情報や，第三者による評価が利用されています。

しかし，これらの追加情報の利用に際しては，年齢や性別のように容易に（タダで）入手できる情報や第三者の評価の信頼性に注意しなければなりません。実はまったく価値のない情報であるにもかかわらず，その情報にしたがって決定を行うことが，結果的にその情報を利用することを正当化してしまうことがあります。たとえばH大学出身者が有能であるという仮説にもとづいて，H大学出身者を採用やその後の処遇で優遇すれば，他大学出身者について会社が学習する機会も，そもそも不利な扱いを受けるために他大学出身者が能力を発揮できる機会も減少し，会社はますます「H大学出身者有能仮説」を信用するようになってしまいます。いわば，H大学出身者が本当に有能だから情報を利用するのではなく，実は根拠のない（H大学出身者が有能だという）情報を利用するからH大学出身者が有能にみえる，という

ことが起こってしまうのです。

また,格付機関のモラルハザードによって,格付自身が歪んでいる可能性もあります。金融危機との関連で,格付会社が発行者に有利な甘めの格付をしていた可能性が指摘されています。というのも,証券化商品の格付の報酬を格付会社に支払っていたのが,証券や証券化商品の発行者であったからです。

では,容易に入手できる情報や第三者の評価に頼るよりもむしろ,隠された知識を持つ当事者自身に頼ることができないでしょうか。もしも当事者が情報を正しく開示してくれるならば,信頼性はもっとも高いといえます。しかし問題は,はたして正しく情報が開示されるかどうかにあります。実は2001年のノーベル経済学賞は,「レモン市場」の分析によって逆淘汰が引き起こす問題を明らかにしたアカロフとともに,逆淘汰の問題に対処する方法を分析した業績によって,スペンス (A. Michael Spence) とスティグリッツ (Joseph E. Stiglitz) が受賞しました。スペンスは,情報を私的に持つ側がその情報をうまく伝える方法を,スティグリッツは,情報を持たない側がうまく情報を引き出す方法を分析しました。以下,彼らの理論を紹介しましょう。

5 口先だけでは伝わらない
シグナリング

前節の交渉の例で明らかなように,隠された知識を持ち情報上優位にいる当事者には,その立場を自分自身に有利に利用しようとするインセンティブがあります。買手は,自分の留保価格が低いと売手に信じさせたいのですが,本当に低い買手は,むしろそ

のことを積極的に売手に開示したいと考えるでしょう。問題は，口先だけでそれを言ってもなかなか売手に信じてもらえない，という点にあります。なぜならば，本当はもっと高くても買ってもいいと考えている買手も，留保価格を実際よりも低いというインセンティブがあることが，売手にもわかっているからです。本当の留保価格が5000円の買手も，もっと高くても買う買手も，みんな口先では5000円以上ならば買わないという可能性があるのです。

「隠された知識を持つ当事者が情報を正しく伝えるためには，口先よりも行動がものをいう」。これがスペンスの**シグナリング**(signaling) の理論の考え方です。口先だけでは，誰でも都合のいいことがいえる**チープトーク** (cheap talk) でしかありません。そこで，それ自体コストがかかる（チープでない）行動を情報伝達に使おうというわけです。それ自体は本来情報の非対称性がなければ無駄であった支出が，コミュニケーションの役に立つ可能性があるのです。この情報伝達の役割をはたす行動のことをシグナルと呼びます。しかし，コストがかかる行動であるだけでは，シグナルとして機能するためには不十分です。行動して自らの情報を伝えようとする送り手は，自らを区別しようとする相手（たとえば本当はもっと高くても買う買手）に模倣されない行動を選ばなければなりません。つまり，本当に留保価格が低い自分がその行動を選ぶコストと，留保価格が高い他の買手がその行動を選ぶコストの間に，十分なコスト差がなければならないということです。

フリーマーケットの例に戻りましょう。みかん（売手）の提示

した価格が6000円で,サザエ(買手)の留保価格は5000円(低い)か8000円(高い)かのいずれかとしましょう。サザエの留保価格が5000円ならば6000円の価格では購入しませんが,留保価格が8000円ならば購入したいと考えることになります。このとき,この取引機会を逸することのコストは,サザエの留保価格が高いときに大きいので,直ちにみかんの元を去らなければならない別の予定を,みかんの目前で入れるという行動をとることによって,サザエは自分の留保価格が低いことをシグナルすることができるかもしれません。また,一般的には交渉においてわざと相手を焦らせる戦略は,シグナリングの役割をはたします。なるべく早く合意したいと考えている交渉当事者は,そのことが知られると足下をみられるのでその情報を隠しておきたいのですが,時間に余裕があり,粘り強く交渉することができる当事者は,そのことを信憑性のある形で伝えることで交渉を有利に進めることができます。次の交渉日時を十分先延ばしして焦らす行動は,自分の忍耐強さを伝えるシグナルとなるわけです。

ただし,すでにふれたように,戦略的行動は交渉が決裂して価値が生み出されないリスクを伴います。実際の交渉で,売手が自分は忍耐強くない,自分にとって商品の留保価格は低い(よって低い価格でも手放す)といった内容のシグナルを発することがあります。僕の留学時に,大学の掲示板には,大学を卒業して出身国に帰国する留学生が「Must Sell」と張り紙に書いて,中古車を売り出すことがよくありました。フリーマーケットで「引っ越しのため赤字覚悟で処分」と宣伝するのも同様の例です。また,「自分はこういう事情でこの街で仕事をみつける必要がある」ということを強く主張するのも,低い給与でも受け入れるといっているようなものです(ここでは,帰国しなければならない,引っ越

す，この街に留まらなければならない，といったことはチープトークではなく，証明できるアクションであるとします)。なぜ，このようなシグナルを発するのでしょうか。

フリーマーケットの例で，売手のみかんのみが品質を知っているとしましょう。高品質の商品のサザエにとっての価値（留保価格）は8000円，低品質の商品の価値は0円（1円も出したくない）で，これらの留保価格はみかんも知っています。一方，低品質の商品を売るみかんの留保価格はゼロで，買手のサザエにも知られていますが，高品質の商品を売るみかんの留保価格は彼女のみが知る情報です。忍耐強い場合は4000円，強くない（早く処分したい，価格が低くても売りたい）場合は2000円としましょう。サザエには高品質の商品を売るみかんの留保価格が4000円か2000円のどちらかであることしかわかりません。さらに，話を簡単にするために，サザエが1度きり価格を提示して，みかんは「イエス」か「ノー」を回答するのみで，「イエス」ならば提示価格で取引成立，「ノー」ならば交渉決裂で物別れに終わると仮定します。

すると，高品質の可能性が十分に低い場合には，サザエは警戒して取引に応じません。逆に高品質の可能性が非常に高いときには，4000円を少し上回る価格を提示することが望ましくなります。こうすればみかんは必ず「イエス」と回答して取引が成立するので，低品質の商品をつかまされる場合もありますが，その可能性は小さいからです。最後に高品質の可能性が中くらいの場合には，2000円より少し高い価格を提示して低品質の商品をつかまされたときの損失を低くする代わりに，高品質の商品を売るみかんが忍耐強くない（つまり留保価格が2000円の）場合のみ取

引を成立させることになります。以上の分析から，留保価格が低いみかんは，高品質の可能性が非常に低い状況では取引できません。ここで，もしも高品質の商品を売るみかんが自分の留保価格が低いことをシグナルできるならば，高品質の可能性が非常に低いために取引が行われない状況でも，2000円程度の価格で取引を成立させることができるようになり，高品質の商品が取引される可能性が生まれるわけです。一見不利なシグナルを発する理由を，こうして理解することができます。

恋人に高価な贈り物をすることは，自分の愛情を示すシグナルと考えることができます。しかし，現金を直接恋人に渡すよりは，手間暇かけた贈り物の方が信憑性が高いといえます。なぜならば，現金では，他の出費を節約しなければならないという問題がない限りにおいて，愛情差を反映したコスト差にはなりませんが，十分手間暇かけることの機会費用は，愛情差を反映する可能性が高いからです。ちなみに，自分の子どもに現金を渡すことが恋人に渡すよりもよくみられるのは，両親の愛情は当然でシグナルの必要がないから，というのがこの理論にもとづく説明となります（だからといって，子どもには手間暇かけた贈り物よりも，現金を渡すことを奨励するものではありません）。

売手にとって商品が魅力的であること，アフターサービスが充実していること，品質が高いことなどを信憑性の高い方法で伝えることは大変重要です。いかにも莫大な予算がかかっているようにみえる広告，快適・贅沢なショールーム，品質保証書の発行，無条件返品の受入れなどは，シグナルとして理解することができます。隠された知識がなければこれほどの出費の必要はなかったかもしれないものばかりです。

ある法律事務所は，かつて次のような広告を電車内で掲示していたことがあります。現在は電車内ではみられませんが，ウェブサイトでみつけることができます。

> 大変残念なことですが，違法な業者と組んで依頼者を食い物にする許し難い悪徳弁護士も一部存在します。当事務所では，そのような不安を解消してもらうため，東京池袋のシンボルタワーであり，入居審査が非常に厳しいサンシャイン60に本店を設置しています。また，各地域のランドマークタワーに支店を設置し，安心感を高める工夫をしています。

口先だけで「悪徳弁護士じゃないよ」といっても，そもそも「悪徳です」と自らいう弁護士は誰もいないわけで，チープトークの最たるものです。この法律事務所は，サンシャイン60に事務所を設置することをシグナルとして利用しようとしているわけです。同様に立派な本社ビルというのも，シグナルとして機能する可能性があります。

スペンスのシグナリングの理論は，シグナルとしての学歴を主要な応用例としていました。一流（偏差値の高い？）大学への進学，MBA（経営修士号）取得，簿記，会計士などの資格試験への合格，TOEICの高得点などは，それを取得することによって本人の生産性が高まるという利点があることを否定できませんが，同時にシグナルとしての役割が大きいといわれています。ただし大学進学といっても，4年での卒業が難しいというわけではない日本の大学でも，シグナルとして機能するのは「合格」ではなく「卒業」の方である可能性が高そうです。仮に大学で会社にとっ

て有益なことがそれほど教えられておらず，あくまで大学に合格する能力だけが重要ならば，内定をもらった学生が単位不足で卒業できなくても，内定取り消しをする必要はなさそうです。しかし，多くの会社がそのような場合には内定を取り消すことから，4年間できちんと単位をそろえて（しかし，たぶん成績はあまり関係なく）卒業することも，本人の能力のシグナルとして会社に理解されているのかもしれません。卒業に5年以上かかっている場合には，家庭の事情とか留学などの理由でなければ，能力についてマイナスのシグナルとなる可能性があります。経営修士号についても，ハーバードやスタンフォードのようなトップスクールに合格するということのみならず，入学してからの2年間の難行苦行に耐え，無事MBAを取得するまでもシグナルとして考慮されているようです（ただし，最近では大学1年生の時点で採用を決めることを考えている日本の会社もあるようです。第8章6節〔194頁〕参照のこと）。

採用後も会社内での配置，昇進，解雇などは，会社内外にさまざまなシグナリング効果をもたらします。配置や昇進などは，どの分野が重視されるか，誰が優秀かといった情報を信憑性ある形で伝えます。また，工場閉鎖のような外生的な理由で職を失った労働者と比べて，会社都合で解雇された労働者は「レモン」であるという悪いシグナルと解釈され，新たな仕事をみつけることが難しくなったり，前者の労働者と比べて新しい職での平均賃金が低くなるということが知られています。

会社内でのリーダーシップもシグナリングの観点から考えることができます。どの方向にビジネスを進めるべきか，トップが今が千載一遇のチャンス，と思って社員を動かそうとしても，口先

だけでは「どうせわれわれを働かせるためでしょ」と信じてもらえません。「口先よりも行動がものをいう」。自らが犠牲となって第一歩を踏み出す，率先してその方向に仕事を進める，という行動をとって手本を示すことによってはじめて，「彼／彼女はわかっているからこそ自分から動いているのだ」と，みんなに「隠された知識」を信憑性ある形で伝え，みんなをついてこさせることができるようになるのです。

ここまで，さまざまなシグナリングの例を紹介してきましたが，最後にいくつか注意点を指摘しておきましょう。第1に，シグナリングが機能しない可能性もあります。シグナルに十分なコスト差がなければ，誰もが同じ行動を選ぶことになり，その行動によって「隠された知識」は開示されなくなってしまいます。かつてはシグナルとして機能した大学進学が，やがて誰もが進学するようになるとシグナルとして機能しなくなり，よりコスト差の大きい資格をシグナルとして求めることになります。また，日本の会社では，将来の幹部候補が誰なのかを会社が明らかにしないように，特定の者をスターのように扱って早く昇進させることを控え，同期の社員をある程度長期にわたって昇進スピードに差をつけずに昇進させることがあります。そうすることによって，みんなが将来に期待してがんばって働き続けるインセンティブを与えることができるからです。

第2に，意図せざるシグナリング効果に注意しなければなりません。送り手が意図された通りにシグナルが解釈されればいいのですが，会社による昇進決定が，「今後会社はこの分野を重視する」という会社が意図しなかったシグナルとなってしまう可能性があります。プロスポーツ選手が契約に際して，「負傷しても

レギュラーを剥奪しない」という条項を入れることがあります。これによって、負傷を恐れずに果敢なプレーが行われるという利点があるのですが、逆に「こいつはどこか古傷があるんじゃないか」という意図せざるシグナルとして機能してしまう可能性があります。よって、あまりプレーヤーの方からしつこくこの条項にこだわることは得策ではないですね。

最後に、シグナルを送らないということ自体もシグナルになることに注意しましょう。「お買い上げの商品にご満足いただけないならば、いつでもご返品ください」。どこの通販も理由を問わず商品の返品・交換を受け付けているならば、それを行わない通販会社は、「商品に自信がない」というシグナルを送っているようなものです。点数がいいときだけ常に答案をみせに来る息子がみせに来なかったとき、その科目のテストの結果がよかったことは予想通りありません。

6 決定をゆだねて，情報を引き出す
スクリーニング

ここまでは、情報を私的に持つ側がその情報をうまく伝えるシグナリングを紹介してきました。立場を変えて、情報を持たない側がうまく情報を引き出す方法は、**スクリーニング**（screening）と呼ばれます。情報を持つ者自身に、背後にある隠された知識を開示するようなアクションをとらせよう、という考え方です。

すでに第4章6節（89頁）で「二次価格差別」として紹介したように、レストランのランチでサービスメニューを注文したり、スーパーで割引クーポンを使ったりする行動によって、自分は価

格に敏感な消費者であることを開示していることになります。ミュージシャンの新しいCDや映画のDVDの初回限定生産版をアマゾンで購入すれば，そのミュージシャンや映画のファンであることを開示していることになり，その後の「おすすめ商品」に反映されているはずです。多様な保険契約を紹介して選ばせることによって，契約者のライフプランについての情報が伝わりますし，コース別人事制度を採用する会社は，従業員に選ばせることによって彼／彼女のキャリアについての考え方を知ることになります。以上の例では，情報を持たない側のレストラン，スーパー，アマゾン，保険会社などが，スクリーニングによって情報を引き出しています。

　前の章（138頁）で，業績連動報酬制度には「隠された行動」の水準を高めるインセンティブ効果があることを指摘しました。同時に，業績連動報酬制度を利用することには，そのような報酬体系に適した人材のみが会社に留まり，かつ新たに引きつけられるというスクリーニング効果もあります。自分に自信のある人ほど，業績連動報酬制度を採用する会社でもやっていけると考えるからです。そのような制度を新たに取り入れた会社の業績が向上したとき，インセンティブ効果とスクリーニング効果の両方が機能していた可能性があるわけです。1994年に，世界最大の自動車ガラス取り付け会社であるセーフライト社は，それまでの時間給制度から出来高給制度に報酬制度を変更しました。ある研究によると，この変更によって労働者ひとり当たりの生産性は36％上昇し，そのうち20％がインセンティブ効果，残りの16％がスクリーニング効果によるとのことです。

　新たに起業しようとする人に投資するかどうかを決めることは

難しい問題です。起業家のアイデアがどのくらい優れており、彼／彼女がその事業にどのくらい入れ込んでいるかを判断しなければなりません。口先だけならば、魅力的な話をいっぱいしてくれるでしょう。スクリーニングのひとつの方法は、業績連動報酬と同様に、事業の成果に対する責任を起業家にも負担させ、さらに成果に応じて段階的に出資するという契約を提示することです。自分の事業に自信があり、粘り強く続ける意思の強い起業家ほど、そのような提案を受け入れる可能性が高いでしょう。

　大学の授業も、教員の側からみるとスクリーニングの機能があることを意識することが大切です。教える内容で引きつけるために、シラバスに授業内容をていねいに書いて説明することが重要なのはいうまでもありません。が、単位を楽にとれる「チョンボ」な授業では、履修者は玉石混淆で、授業内容に興味を持ち、ヤル気のある学生にマイナスな影響を与えかねません。授業内容に興味を持ち、かつヤル気のある学生のみにできるだけ履修者を絞るために、単位取得を厳密かつ難しく（シビアに）して、さらにその点について詳しくシラバスに書いて周知徹底する必要があります。過去の成績分布や試験の過去問なども示して信憑性も持たせます。しかし、そもそもヤル気のない学生はシラバスも読まず、最初のガイダンス授業にも出席せずに履修科目を選ぶ傾向が強いので、履修者のばらつきを抑えることはなかなかできません。履修者数よりもはるかに小さなキャパしかない教室を利用するのは一案です。本当に授業に興味を持ち、ヤル気のある学生の方が、早めに来て席を確保したり混雑する教室で授業を受けることのコストが低いからです。ただし、他の多くの授業が学生を甘やかす楽な授業だと、優秀な学生も結局そちらに流れてしまうという危険もあります。僕も毎年どのように授業を設計するか、頭

を悩ませています。

　読者の皆さんはヤフオク（Yahoo!オークション）や築地市場の競りなどを知っているでしょうか。売手の商品に対して興味のある人々が，自分の買い値を提示するオークション，競り，入札は，スクリーニングの仕組みと考えることができます。オークションに出品された商品を誰がもっとも高く評価するかは事前にはわかりません。しかし，オークション方式をうまく設計することによって，もっとも高く評価する入札者が落札する（よってもっとも高い取引価値が生み出される）ようにすることができます。1990年代に米国で，無線周波数利用権（免許）の割り当てをオークションによって行うことを議会が決定しました。それまでは出願者の提案を比較聴聞して決定してきましたが，客観性に欠け，また何年もの時間がかかる方式でした。また抽選方式により時間の問題は解決しますが，「周波数をもっとも高く評価する人の手に免許を渡す」という，当時のゴア副大統領の演説の意味することを実現するにはほど遠い方法でした。オークションによって，この目標に向かって大きく前進したのです。詳しくは次章で説明するのでお楽しみに。

第 **8** 章

見えざる手は創れるか？
〜マーケット・デザイン〜

1 市場は絶対ではない

　第6章と第7章では，持っている情報が市場参加者の間で違うことが原因で，市場がうまく機能しない問題（市場の失敗）を紹介してきました。この章では市場の失敗への対処の仕方を，「市場を設計する」という視点から考えていきますが，その前にまず第4章を簡単に振り返りましょう。

　場面は多数の売手と買手の意図が交差する場所——典型的には多数の会社と最終消費者の間の——市場です。そして当事者である売手と買手以外のもうひとつの主役は，取引される財の市場価格です。多数の売手と買手が互いに売値と買値を提示して取引を行う結果，市場での総消費量と総生産・販売量が一致する均衡市場価格に到達します。この市場均衡という状態は，次の意味でよい特徴を持っています。市場全体がもたらす総価値は市場均衡で最大になり，このときに参加者全員が一堂に会して違う取引条件を話し合っても，誰からの反対意見もない満場一致で状態を変えることができない，という特徴です。経済学の業界用語を用いると，「市場均衡は効率的である」という主張になります。ただし，この主張が成り立つために満たされなければならない条件があり，それらが満たされなければ市場はうまく機能せず，「市場の失敗」が生じてしまいます。第4章10節（100頁）では，市場の失敗の源泉として，主に外部性や情報の偏在などの問題を指摘しました。

　第4章でもふれたように，売手と買手が自発的に交換を行うことができる市場は，築地市場，フリーマーケット，証券取引所

のような特定の場所としての市場というよりもむしろ，より抽象的な概念として扱われています。概念としての市場を理解することによって，現実の市場を観察して何が問題なのかを理解できるようになります。市場は放っておけばうまく機能するというものではなく，うまく機能するように設計されなければなりません。市場での活動や取引をサポートする法的，社会的制度，つまり「経済ガバナンス」が必要になってくるのです。

この章では，市場を設計する，すなわち**マーケット・デザイン**（market design）という視点から，まず前の章の最後でふれたスクリーニングの仕組みとしてのオークション・入札の理論とさまざまな現実例を紹介します。なお，以下ではオークション・入札をまとめて，簡単に**オークション**（auction）と呼ぶことにします。続いて，新卒者の就職市場で典型的にみられる早期化の問題を出発点として，会社と新卒者をどのように結びつけるかという問題に代表される**マッチング**（matching）の仕組みの設計問題を紹介します。後者ではとくに，必ずしもお金を媒体としない取引の設計についても考えます。そして次の章では，市場に代わって取引を組織の内部に取り込む可能性を考察します。

2 本当の評価をつきとめる仕組み
オークション

前章の最後で，オークションは，誰がその財をもっとも高く評価するのかをつきとめる，スクリーニングの仕組みであることにふれました。そして，オークションは，設計された市場の例としてよく目につくものです。1744年にロンドンで設立されたオークションハウスであるサザビーズでは，今日でもピカソの絵画か

らジョン・レノンの自筆歌詞まで，多彩な芸術作品が取引されています。1990年代には，「とんねるずのハンマープライス」というオークションバラエティ番組がテレビで放映され，一般にも身近なものになってきました。今では世界最大手のeBayや日本最大のYahoo!などのサイトでオンライン・オークションが行われ，誰でも気軽に参加できる時代になっています。

さらに東京都中央卸売市場・築地市場での魚介類などの競り，大田花き市場での切り花，鉢物，苗物などの競りもオークションの例です。オリンピックやワールドカップのテレビ放映権，石油採掘権，税金滞納者からの差し押さえ品，そして前章の最後にふれた，携帯電話やネットワーク用の無線周波数利用権なども，OECD加盟国の大部分では電波オークションで販売されています（ちなみに日本は2011年現在，OECD加盟国34カ国中電波オークション非採用3国のうちの1国という地位に甘んじています）。本書でもすでに登場した，プロ野球のポスティングシステムでは，どのメジャーリーグ球団に独占交渉権を与えるかをオークションによって決めています。海外では，学生がどの授業に登録するかを決める際に，学生にポイントを割り当てて履修したい授業に入札させるシステムをつくっている大学もあるようです。

Googleなどの検索サイトで特定のキーワードを検索すると，画面の上や横に広告リンクがずらっと並ぶことがあります。この広告リンクの位置は，キーワードに対するオークションで割り当てられています。一般に上の方にリンクが位置するほどクリックしてもらえる可能性が高いので，どの広告主も少しでも上の位置に広告を出す権利をねらって，高い入札額を検索サイトに提出する競争となるわけです。通常は，その広告リンクが検索者によってクリックされるたびに検索サイトに支払われる金額が，入札額

にもとづいて決まります。

　以上の例では，売手の提供する商品やサービスを複数の買手が入札者として競争する，という図式ですが，逆の例も多数あります。つまり，買手がどの売手から商品・サービスを購入するかを決める逆オークションです。政府，都道府県，市町村，大学，会社などが買手として，部品，資材，設備，工事などの商品・サービスを提供する複数の売手を競争させて調達するという図式です。通常のオークションでは，もっとも高い入札額をつけた入札者が落札しますが，これら逆オークションではもっとも低い入札額の業者から調達するということになります。

　オークションを利用するということは，競争を取り入れるということでもあります。もしも少数の売手と買手が個別交渉していたら，前章で紹介したように，合意の遅れ，交渉決裂によって，本来生み出されるはずの価値が一部または全部失われてしまう可能性があります。放映権，周波数利用権などの割り当てを交渉で行う手続きの煩雑さと費やされる時間を想像してみてください。オークションには手続きのコストを節約し，スピードアップさせる効果があります。また，これらの権利を政府が免許制などで割り当てると，権利を手に入れようとする企業などが陳情などロビー活動に無駄な時間と労力を費やす余地を残してしまいます。

　抽選で決めればオークションの場合と同様にスピードアップすることは可能です。しかし，生み出される価値が大きく失われるという問題があります。前章でふれた，当時のゴア副大統領のコトバで「周波数をもっとも高く評価する人の手に免許を渡す」という目標がまったく実現されないからです。商品・サービスを，

もっとも高く評価する買手に渡すことによって，取引から生み出される価値が最大になるのです。僕が勤務する大学では学部3・4年次には教員のゼミナール（演習）に参加することが必修となっていますが，応募者のなかから抽選によって参加者を決定した教員がいたという話を学生から聞いたことがあります。面接や審査の時間を節約できる利点があったとは思いますが，教員・学生双方にとって，きわめて不満足な結果で終わったのではないでしょうか。たとえば，その教員が高く評価して入ってほしいと考えていた学生や，その教員のゼミナールを誰よりも高く評価していた学生が，落ちてしまった可能性があります。このようなマッチングの評価については，本章の後半，6節以降でも考察します。

さて以下ではもっぱら，ある商品の売手が，複数の潜在的な買手を入札者として競わせるケースを想定しましょう。買手はできるだけ安く商品を手に入れたいと考えています。さらに，それぞれの買手は，商品を留保価格で評価しています。すでに本書で何度か登場していますが，買手による商品の留保価格とは，その商品を手に入れるために支払ってもよいと考える最大額で，買手による商品の評価額ともいえます。この留保価格は，もちろん買手ごとに異なってきます。さらに，それぞれ買手の留保価格がいくらなのかは，その買手自身のみが知っている情報で，売手はもちろん，他の買手にもわかりません。彼らにわかることは，せいぜいありうるもっとも低い評価額はいくらくらいか，ありうるもっとも高い評価額はいくらくらいか，そしてそれらの間にどのように分布しているか，くらいのことでしょう。

一方売手は，オークションからの収入をできるだけ高くしたいと考えるでしょう。買手がいくらくらいの入札をするかは買手の

本当の留保価格に依存するでしょうから、実際の収入がいくらになるかを正確に予想することはできません。ここでは、売手は期待収入をできるだけ高くしたいと考えてオークションの方式を決めると仮定します。売手は期待収入という期待金額値のみを気にするので、第5章3節（114頁）で説明した用語を用いると、売手はリスク中立的と仮定していることになります。また、買手も全員リスク中立的と仮定します。買手の目的については、もう少し後で説明します。

この状況は、第3章で紹介したゲーム理論の枠組みを利用して、次のような2段階のゲームとして表すことができます。まず第1段階では売手がオークションの方式を決定します。オンライン・オークションを利用する場合には売手が自分で決めることができることは限られていますが、それでも開始価格、開催期間、自動延長の有無など、自分で設定できる項目があります。続いて第2段階では、第1段階で決定されたオークション方式にしたがって買手が入札を行います。つまり第2段階は、第1段階で決定されたルールにしたがって買手間で競争するゲームという位置づけになります。

3 4つのオークション方式

ゲーム理論の「先読み」（第3章10節〔67頁〕参照）の考え方にしたがって、まず第2段階のゲームを考えましょう。そのために、4種類の典型的なオークション方式を紹介します。典型的オークション方式は、まず、オークションが公開（オープンビッ

ド）か封印（シールドビッド）かによって分類されます。公開オークションはオークションの進行が公開されて行われるもので，伝統的なオークションハウスでのオークション，ハンマープライス，築地や大田市場での競りなどはいずれも公開オークションです。オンライン・オークションも公開といえるでしょう。他方封印オークションでは，各入札者は自分の入札価格を用紙に記入し封をして提出し，全入札者から提出された入札価格にもとづいて落札者を決定する，という方式です。テレビ放映権や石油採掘権，プロ野球のポスティングシステムなどは，通常この方式を採用しています。

　公開オークションはさらに，価格を競り上げていくか競り下げていくかで2種類に分かれます。競り上げオークションは，英国式（イングリッシュ）オークションと呼ばれることもあります。正装したオークショニアー（競売人）が入札者一同の前に立って価格を引き上げていき，誰も競り値を上げる人がいなくなるまで続けるというイメージです。この変形版で日本式（ジャパニーズ）オークションと呼ばれる方式もあります。入札者全員が手を挙げるかボタンを押した状態ではじまり，価格が連続的に引き上げられていきます。その間に，競りから降りる人は手を下ろすかボタンから手を離すことによってそのことを表明し，一度降りたら再び参加し直すことはできません。参加者が最後のひとりとなった時点での価格が落札価格となり，オークションが終了して，最後まで残った入札者が落札者となります。英国式と日本式の差異は小さいので，以下では一括して競り上げオークションと呼ぶことにします。

　競り下げオークションはオランダ式（ダッチ）オークションと

呼ばれることもあり，花き市場で用いられることが多い方式です。高価格からはじめて徐々に価格を下げていき，最初に手を挙げる，ボタンを押すなどによって購入を表明する人が現れた時点でオークションが終了し，そのときの価格が落札価格となります。

封印オークションは公開オークションと比べて，ゲーム理論的には単純で，全入札者が互いに他の入札者の留保価格や入札価格を知らずに，自分の入札価格を決定するゲームです。公開オークションのように，他の入札者の動向を観察するチャンスはありません。もっとも高い入札価格を提出した入札者が商品を落札します。落札者が支払う価格は，典型的には自分が提出した入札価格で，落札者の入札価格は，提出された中でもっとも高い入札価格ですから，このような封印オークションは**一位価格（ファースト・プライス）オークション**（first-price auction）と呼ばれます。

落札者が支払う価格が，自分が提出した入札価格とは異なる封印オークション方式も存在します。英国では，次のような方式が19世紀末以降に切手のオークションで用いられていました。

> 入札価格は，1893年5月15日午後4時まで受け付けます……そして，……，2番目に高い入札価格を1セントから10セント上回る価格で販売されます。入札は……宛にどうぞ。

これは当時の雑誌に掲載されたもので，この方式では，最高入札価格を提出した人が落札しますが，その人が支払う価格は，2番目に高い入札価格，つまり落札者の入札価格を除いたときの最

高入札価格（プラス「1セントから10セント」のような一定の些少な金額）です。このような封印オークションは**二位価格（セカンド・プライス）オークション**（second-price auction）と呼ばれます。

　実は19世紀末頃に用いられたこの奇妙な（？）方式は，今日オンライン・オークションでよみがえっています。どのオークションサイトにも，通常自動入札という機能があります。これは，入札者が何度も入札する手間を省き，コンピュータが自動的に他の入札者と競って入札する機能です。入札者が自動入札を用いると，入札時に最高入札額として入力した金額が自分の自動入札の最高金額になりますが，すぐにこの金額で入札するわけではありません。そして入力された最高入札額は，出品者や他の入札者にはわからないようになっています。

　たとえば，現在の（最高入札）価格が300円だとしましょう。このとき，あなたが自動入札の機能で最高入札額500円を入力したとします。すると，あなたが最高額入札者となりますが，入札価格はたとえばYahoo!オークションでは310円となります。これは現在の価格が1円〜1000円未満のときには，10円が入札単位（現在の価格に上乗せする最低金額）だからです。誰かが325円を入札しても，相変わらずあなたが最高額入札者のままで，現在価格は335円となります。さらに，誰かが自動入札の機能を用いて450円を入力しても，現在価格は460円と変化するだけで，あなたが最高額入札者のままです。このまま入札期間が終了すればあなたが落札者となりますが，支払う価格は入力した最高入札額500円ではなく，460円，つまり最後の入札者の入札価格プラス入札単位の10円ということになるのです。

　もしも，すべての入札者が自動入札の機能を用いて一度だけ最

高入札額を入力したならば，これは実質的には二位価格封印オークションと同じことになるのですが，わかりますか？ つまりこの方式でも，1番高い最高入札額を入力した人が落札者となり，2番目に高い入札額プラス入札単位の10円が，落札者の支払う価格となるわけです。なお以下では，10円のような些少な入札単位があることを無視して議論を進めることにします。これによって，結果を本質的に変えることなく，分析をわかりやすくすることができるからです。

4 自分がもっとも得をする入札戦略

(1) 二位価格封印オークションと公開競り上げオークション

さて，以上の標準的なオークション方式のいずれかが第1段階で売手によって選ばれたとき，入札者はどのように入札価格を決定すればいいでしょうか。まず，最後に紹介した二位価格封印オークションのケースを考えましょう。このちょっと風変わりな，しかし現実にも用いられているオークション方式は，理論的には大変重要なオークションです。実は各入札者は，他の入札者の留保価格がいくらであるかや，他の入札者がどのように入札価格を決定するかを読む必要がありません。「自分の留保価格を入札価格として提出する」ことが最善なのです。ここで最善というのは，自分の留保価格とは異なる入札価格を提出しても，結果が改善することはありえない，という意味です。

なぜ改善しないのかを説明するために，次のふたつに場合分けしましょう。

(1) 自分の留保価格を提出した場合に落札できる場合
(2) 自分の留保価格を提出した場合には落札できない場合

　もちろん，実際にはどちらなのかは入札価格を決定する時点ではわかりませんが，このどちらの場合であったとしても，自分の留保価格とは異なる価格を提出しても改善しないことを示せばいいのです。まず，「自分の留保価格を提出した場合に落札できる場合」です。この場合には，自分の留保価格よりも高い価格を提出しても結果は同じです。相変わらず落札できて，かつ支払う価格（二位価格）に変化はないからです。では，自分の留保価格よりも低い価格を提出して結果が改善するでしょうか。提出する入札価格が二位価格よりも高ければ，相変わらず落札できて支払う価格は同じです。提出する入札価格が二位価格以下になってしまうと落札できない可能性が出てきますから結果は悪くなります。したがって，自分の留保価格よりも低い価格を提出しても，結果はせいぜい同じか，もしくは悪化するわけですから，やはり改善はしないということがわかりました。

　次に，「自分の留保価格を提出した場合には落札できない場合」です。これは，誰かが自分の留保価格よりも高い入札価格を提出している状態です。よって，自分の留保価格よりも低い価格を提出しても，相変わらず落札できず結果は同じです。一方自分の留保価格よりも高い価格を提出すれば，落札できる可能性が出てきます。ところがこの場合には，支払う価格は自分の留保価格よりも高くなってしまいます。そもそも留保価格は自分にとっての商品の評価額であり，支払ってもよいと考える最大額ですから，それよりも高い価格を支払う状態は，落札できない状態よりも悪化

することになります。したがって，自分の留保価格よりも高い価格を提出しても，結果はせいぜい同じか，もしくは悪化するということがわかりました。

　以上の考察により，二位価格封印オークションでは，他の入札者の留保価格や入札価格の決定方法にかかわらず，「自分の留保価格を入札価格として提出する」ことが最善であることがわかりました。さて，入札者全員がこの方法で入札価格を決定したならば，どういう結果になるでしょうか。商品は留保価格が最大，つまり，商品をもっとも高く評価している買手が落札することになります。売手は各買手の留保価格がわからないという情報劣位の立場にいるのに，オークションという市場をうまく設計することによって，留保価格が最大の買手をみつけることができるわけです。オークションがスクリーニングの仕組みであるといわれるゆえんです。

　さて，現実の例がさほど多くないようにみえる二位価格封印オークションですが，このオークション方式での最善の入札方法とその結果は，実は公開競り上げオークションでも成り立つ場合があります。一見まったく異なるオークション方式のようですが，公開競り上げオークションであるYahoo!オークションにおいて自動入札が二位価格封印オークションとみなせるように，両者には関連があります。競り上げオークションで各入札者が決めなければならないのは，入札価格ではなく「いくらになるまで競りに留まるか」です。この「いくら」を自分の留保価格にして，「自分の留保価格に達するまで競りに留まる」が，競り上げオークションでも最善となるのです。つまり，自分の留保価格よりも

低い価格で降りても，高い価格まで留まっても，結果が改善することはありません。そして，すべての入札者がこの方法で競りに臨んだならば，留保価格が最大の買手が最後のひとりとなって商品を手に入れ，かつ支払う価格は留保価格が2番目に高い買手が競りから降りた価格，つまり彼／彼女の留保価格ということになり，二位価格封印オークションの結果と同じになるのです。

少し前に紹介した切手オークションの主催者は，郵送された入札価格による二位価格封印オークションを説明する際に，詳しくは以下のように書いています。

> 入札価格は，1893年5月15日午後4時まで受け付けます……そして，……，わが社はこの販売を正真正銘の公開オークションとして行います。つまり，2番目に高い入札価格を1セントから10セント上回る価格で販売されます。入札は……宛にどうぞ。

このことから，主催者が公開競り上げオークションと二位価格封印オークションの関係を理解していたことがわかります。

ただし，ふたつのオークション方式には，公開か封印かという重要な違いがあります。封印オークションでは，自分の入札価格を決める時点で，他の入札者の動向について何も観察できませんが，公開競り上げオークションでは，価格の上がり方をみながら，いくらまで留まるかを調整することができます。ふたつの入札方式の間で最善の入札方法とその結果が一致するためには，この違いが結果に影響を与えない，つまり，公開競り上げオークションで他の入札者の動向を観察しても，自分が最初に決めた留まる価格を調整する必要がない，という条件が成り立っていなければなりません。その条件とは，商品に対する自分の留保価格が，

他の入札者の動向をみても変わらない、ということです。業界用語では**私的価値**（private value）と呼ばれています。

たとえば商品がある絵画であるならば、「この絵が好き♡ 他の誰がどう評価しようと関係ない！」っていう場合です。私的価値の例にマラソンなどへの参加権があります。ロンドン・マラソンではチャリティ団体に参加枠が販売され、団体がオークションを行う例もあるようです。2011年の東京マラソンでは、定員からさらに1000名の追加募集があり、オークション（チャリティ）による募集も検討されましたが、結果的には先着順で、通常参加費1万円に加えて10万円の募金を規定額としたチャリティ・ランナーの募集になりました。最終的に707人の応募に留まり、募集枠1000名には満たなかったとのことです。

一方、「絵のことはよくわからないけど、この画家は将来有名になりそうだし～」っていう場合は、他の入札者の動向に左右されてしまうので、私的価値の条件を満たしません。このケースは、この画家の絵を入手した後に転売するような場合にとくに当てはまります。画家の絵が将来どのくらい高く評価されるようになるか、という入札者が共通して関心を持つ評価額があるのですが、誰にも正確にはわからない、という状況です。経済学の業界用語では**共通価値**（common value）と呼ばれています。テレビ放映権、石油採掘権、周波数利用権なども共通価値の特徴を持っています。

前者の私的価値のケースは現実には限られていますが、他のケースを理解する際にも非常に大切なベンチマークとなりますので、以下では私的価値のケースの分析を詳しく行うことにします。

(2) 一位価格封印オークションと公開競り下げオークション

さてさて,次に残りのオークション方式,公開競り下げオークションと一位価格封印オークションを考えましょう。このふたつの方式の間にも密接な関係がありますが,まず,ゲームとしては単純な一位価格封印オークションでの入札方法を考えてみましょう。決めなければならないのが自分の入札価格なのは,二位価格オークションと同じです。さらにどちらのオークション方式でも,落札できるかどうかに自分の入札価格が影響を与えます。いちばん入札価格の高い参加者が商品をゲットできるのですから。

ここからがすごく大きな違いですが,二位価格オークションでは,自分の入札価格は落札したときに支払う価格ではありません。しかし,一位価格オークションでは,自分の入札価格は落札したときに支払う価格でもあります。誰でも落札したときに支払う価格は低い方がいいですよね。でも,入札価格を低くすれば落札できる可能性が下がってしまいます。一位価格オークションでは,このトレードオフ(第2章2節〔27頁〕参照!)に悩まなければなりませんが,二位価格オークションでは心配してもどうしようもありません。自分が支払う価格は自分では決められないからです。でも,この特徴があるがゆえに,二位価格オークションでの最善の方法は「自分の留保価格を入札価格として提出せよ」という単純明快なものになったのです。しかし一位価格オークションでは,この入札方法は実は最善ではありません。というのは,これではたとえ商品をゲットできたとしても,そのために支払ってもよいと考える最大額,つまり評価額に等しい価格を払うのですから,ゲットできなかった場合と満足度が変わらなくなってしまいます。むしろ,自分の留保価格よりもすこ~しばかり入札価格を下げる方が得策です。なぜかというと,そうすれば確かに商

品をゲットできる可能性は少し下がりますが，それでも可能性はまだ残っていて，かつゲットできたときの満足度が上がるからです。あと残された問題は，自分の留保価格よりもどのくらい低い価格を提出するのがよいかです。

どのくらい低い価格を提出するのがいいかという問題に取り組む前に，公開競り下げオークションを先に考察することにしましょう。公開競り下げオークションでは，どの価格で手を挙げるか，ボタンを押すか等々，を決めなければなりません。ということは，決めるのはやはり価格です。自分が決めた価格が他の誰よりも高ければ，その価格まで誰も手を挙げないので商品をゲットできます。そして，自分が手を挙げた時点の価格を支払うことになります。しかし他の誰かが自分よりも高い価格で手を挙げることを決めていれば，落札できません。これは，一位価格封印オークションで提出する入札価格を決めることと同じで，落札できるかどうかの結果も一致しています。

では，封印か公開かの違いは影響を与えるでしょうか。以前に比較した二位価格封印オークションと公開競り上げオークションの間で，最善の入札方法と結果が一致するのは，私的価値のケースという限定がありました。しかし，一位価格オークションと公開競り下げオークションの場合には，そのような前提は必要ありません。なぜでしょうか？　公開競り下げオークションで，他の入札者の動向をみて調整する機会があるかを考えてみればわかるはずです。誰かが先に手を挙げたならば，その時点でオークション終了ですから調整のチャンスはありません。では，誰も手を挙げない状況が続いている，ということを観察して，自分が手を挙げる価格を調整する理由があるでしょうか？　微妙ですが，これ

もありません。競り下げオークション開始前に自分が手を挙げる価格を決める場面を想像してください。この価格とは、「他の誰もその価格まで手を挙げていないとき（つまり自分が勝てるとき）に自分が手を挙げる価格」です。「他の誰もその価格まで手を挙げていない」ということを織り込んで決めているはずです。いいかえれば、オークション開始後に、その価格まで「誰も手を挙げない状況が続いている」ということを織り込んで決めているので、調整する理由はないのです。

まとめると、私的価値であるかどうかにかかわらず、一位価格封印オークションと公開競り下げオークションとは同じゲームとみなすことができます。最善の入札方法とオークションの結果は、適当な読み替えによってどちらのオークション方式にも当てはまります。

では、最適な入札方法はなんなのさ、ってことで、ふたつの方式を代表して一位価格封印オークションでどのような入札価格を提出するかを考えましょう。この入札価格は、公開競り下げオークションでは、さっき説明したように、「他の誰もその価格まで手を挙げていないとき（つまり自分が勝てるとき）に自分が手を挙げる価格」に対応します。

ここで注目！「他の誰もその価格まで手を挙げていないとき」というのは、封印オークションでは、「自分の入札価格がいちばん高いとき」に対応しています。つまり、仮に「自分の入札価格がいちばん高い」という想定をして入札価格を決めよ、ということになります。もちろんこの想定が間違っている可能性はありますが、間違っているときにはどのみち商品はゲットできず、入札価格を支払う必要もないので、入札価格をどうするかは問題では

なくなります。そして、想定が正しかった場合には、商品をゲットできて入札価格を支払うことになります。

本書では、残念ながらこれ以上の分析はできませんが、もしも「各参加者の留保価格の確からしさに差がない」ならば、実際にもっとも高い留保価格を持つ参加者が落札することが知られています。つまり、二位価格封印オークションと公開競り上げオークションの結果と同様に、留保価格が最大の買手をみつけることができるのです。「各参加者の留保価格の確からしさに差がない」というのは、たとえばありそうな最低の評価額、最大の評価額、そしてその間の確からしさに参加者間で差がない、という状態です。それとは異なり、たとえば誰よりも高い留保価格を持っていそうな本命の参加者が事前にいたりすると、必ずしも留保価格が最大の参加者が落札しない可能性も出てきます。

以上、長くなりましたが、4種類の典型的なオークション方式のそれぞれについて、入札者の最適な入札方法について説明してきました。簡単にまとめると、一位価格封印オークションと公開競り下げオークションとは同じゲームとみなすことができて、各入札者は、「自分が勝てる」という想定をして、自分の留保価格よりどのくらい低い価格を入札するか（または、どのくらい低い価格で手を挙げるか）を決めよ、となります。他方、二位価格封印オークションと公開競り上げオークションとは、私的価値のケース限定ですが、同じゲームとみなすことができて、自分の留保価格に等しい入札をせよ（もしくは、自分の留保価格まで競りに留まれ）となります。

5 オークション方式の決め方

　さて，ここまで分析してきたのは2段階のゲームの第2段階でした。売手は，第2段階で参加者がどのような入札を行うかを先読みしたうえで，第1段階でどのオークション方式で商品を売るかを決めることになります。ここから先では，この第1段階のゲームを考察しましょう。

　まず結論を述べると，私的価値のケースでは，4種類の典型的オークション方式のいずれを採用しても，オークションから得られる売手の期待収入は同じになります。これは，**収入等価定理**（revenue equivalence theorem）と呼ばれる，オークションの理論でもっとも重要な結果です。一位価格封印オークション（および同等の公開競り下げオークション）と二位価格封印オークション（および同等の公開競り上げオークション）を単純に比べると，「最高入札価格がそのまま落札価格として売手に支払われる前者の方式の方が，二位入札価格が落札価格として売手に支払われる後者の方式よりも，売手の収入は高くなるに決まってるじゃん」と考えてしまうかもしれません。しかしこの考え方は，第1段階で選ばれる入札方式によって，第2段階のゲームで参加者がどのように入札価格を決めるかが変化することを織り込んでいません。すでに説明したように，一位価格封印オークションでは留保価格より低い価格しか入札しませんが，二位価格封印オークションでは留保価格に等しい入札を行うので，実は後者の方が入札価格は高くなるわけです。一位価格封印オークションを採用する売手は，二位価格ではなく一位価格が支払われるという有利な特徴

と，入札者が実際に入札する価格が低くなるという不利な特徴とを，天秤にかけなければならないのです。収入等価定理は，この有利不利が最終的には相殺されて，4種類のどの入札方式でも売手の期待収入は変わらないという驚くべき結果を伝えているのです。

したがって，期待収入を最大にしたい売手の立場では，4種類の典型的オークション方式の間に優劣はないことになります。「じゃあ典型的オークション方式以外に，もっと期待収入を高めるオークション方式があるんじゃないの？」と切り返した読者は鋭い！ひとくちにオークション方式といっても多様な選択が可能です。たとえば最後に4人が残るまで公開競り上げでやって，その後は4人で一位価格封印オークションをやる，という方式だってありだし，封印オークションをやって，一位価格オークションのように最高入札価格を提出した落札者がその価格を払うのみならず，落札できなかった他の入札者も全員，自分の入札価格を支払う，というオークションだって考えることができます。後者は業界用語では**全員支払いオークション**（all-pay auction）といいます。また，売手が参加料を徴収したり，最低価格を設定して（しかしその価格は公開せずに），落札価格が最低価格未満ならば商品を手放さない，というルールにすることもできます。

こういうありとあらゆる方式を考えて，そのなかから売手の期待収入を最大にする方式を探すのは，一見至難の業で，とても不可能にみえるかもしれません。しかし，最適オークション方式をみつける問題もすでに解かれています。少なくとも，ここで議論されている設定では，収入等価な4種類の典型的オークション方式は最適なオークション方式でもあることが知られています。

つまり、これらの典型的オークション方式よりも高い期待収入をもたらしてくれるオークション方式は他に存在しないのです。

これらの結果をベンチマークとすることによって、オークションにかんして深い理解が可能になります。たとえば最適オークション方式ついて、少なくともこの価格以上でないと売りたくないという留保価格を売手が持っていたならば、適当な最低価格を設定することが望ましくなります。また、もしも入札参加者がリスク回避的（第5章3節〔114頁〕参照）ならば、売手にとって一位価格（競り下げ）オークション方式の方が望ましいことがわかります。リスク中立的な参加者と比べて、リスク回避的な参加者は落札できないリスクを避けようとして「より攻撃的」、つまりより高い価格を入札するからです。

典型的オークション方式での入札方法、封印オークションと公開オークションの関係、そして収入等価定理など、オークションの理論の基礎はヴィックレー（William Vickrey）の研究によって確立しました。彼はその研究で、二位価格封印オークションを理論的分析のために導入しました。そのため、このオークション方式はヴィックレー・オークションと呼ばれることもあります。当時は理論的創造物だったヴィックレー・オークションは、すでにふれたように、19世紀末以降に切手のオークションに使われていたことがその後発見されました。そして時空を超えて今日、ヴィックレー・オークションはオンライン・オークションや検索サイトの広告オークションなど、インターネットの世界でのマーケット・デザインにも影響を与え続けているのです。

以上でオークションの理論の紹介は終わりです。オークションは「設計された市場」の典型的な例ですが、入札価格というお金

が重要な役割をはたしています。この章の残りの部分では，マーケット・デザインの別の例として，お金の役割が限定的な状況で取引相手を結びつけるマッチングの問題を紹介することにします。

6 出し抜き合戦による市場の失敗への対策
マッチング

　本書の読者の皆さんには大学生が多いと思います。4年制大学の場合，受験を終えて4月に入学した大学を通常4年後には卒業します。4年間というのは長いようで短いもの。大学生の多くは，早くから卒業後の進路のことを漠然とでも考えざるをえないでしょう。

　日本では，新卒一括採用，すなわち卒業予定の新卒者を対象に定期的に一括して求人・採用し，卒業後にすぐ勤務させる慣行が一般的です。この慣行により，就職が卒業時点に集中することになります。この慣行自体が望ましいかどうかはここでは考察しませんが，新卒一括採用が一般的となると，就職活動，いわゆる就活が大学卒業以前に始まることは避けられません。現在では，通常大学3年生の秋から4年生の前半に就職活動が行われています。このように就活が早期化・長期化すると，学生側にとっては大学での学業に支障が生じたり志望先を早急に決定しなければならない点，会社側にとっても大学での学業や成績について不十分な情報下で決定しなければならない点，などの非効率性が問題になります。

　若干脇道にそれますが，第7章5節（164頁）で紹介したシグ

ナリングの理論によれば、大学での学業や成績よりも、一流大学への「合格」(および「卒業」)のもたらすシグナルを会社が重視するならば、就活の早期化・長期化が会社の採用活動にもたらすデメリットがあまり見当たらず、早く優秀な学生を確保したい会社にとって、採用活動を早期化するインセンティブがいっそう強くなります。たとえばユニクロなどを展開するファーストリテイリングが、大学「1年生の時点で採用を決め、在学中は店舗でアルバイトをしてもらい、卒業と同時に店長にするといったコースを想定」しているという記事もあります。会社に早期化を思いとどまらせるためには、会社自体が人材マネジメントの方法を見直すとともに、大学が教育制度を充実させて、学生の能力について有益な情報を発信できるようにしていくことも大切です。

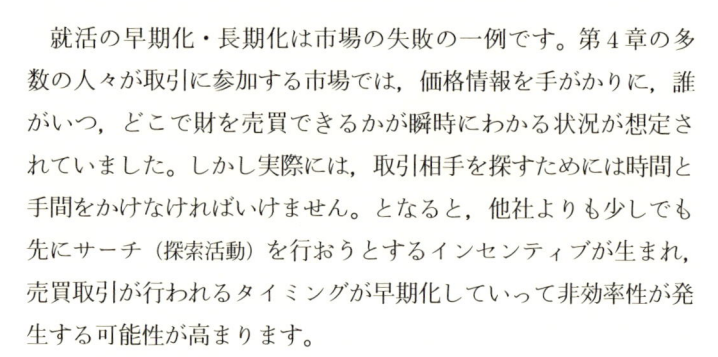

　就活の早期化・長期化は市場の失敗の一例です。第4章の多数の人々が取引に参加する市場では、価格情報を手がかりに、誰がいつ、どこで財を売買できるかが瞬時にわかる状況が想定されていました。しかし実際には、取引相手を探すためには時間と手間をかけなければいけません。となると、他社よりも少しでも先にサーチ(探索活動)を行おうとするインセンティブが生まれ、売買取引が行われるタイミングが早期化していって非効率性が発生する可能性が高まります。

　この種の市場の失敗が観察されやすいのは、日本の大学生の就活のような新卒市場においてです。大学卒業というはっきりした時点を経て就職するので、その時点を基準にして就活のはじまりと終わりがどのくらい早まっているかがみえやすいからです。実は日本に限らず、欧米の法科大学院、ビジネススクール、医科大学院など、専門職大学院の卒業生に対する就職市場でも、同様の

問題が観察されています。

たとえば米国の医科大学院の場合，20世紀の初めにインターンシップが導入され，当時は今日と比べてはるかに人数が少なかった卒業生をめぐって，病院間の激しい競争が繰り広げられていました。とりわけ，他の病院よりも少しでも早く研修医を正式に採用しようとする出し抜き合戦が激しさを増し，卒業2年前に採用決定する病院が出現するところまで早期化が進みました。1960年代中旬の英国医学部卒業生についても同様で，卒業1年以上前に採用決定されるところまで早期化していました。米国法科大学院卒業生の就職先として名声ある職は米国連邦裁判所書記官です。1950年代には卒業時に採用決定されていましたが，1980年代には卒業1年以上前，法科大学院2年生の2月から3月頃に採用決定されるまで早期化したのです。

上記の専門職では，給与水準，つまり取引における「価格」が固定化されており，「価格」による調整が制限されています。しかし，給与水準の調整が自由に行われる職でも，早期化の問題は発生します。たとえば米国法科大学院卒業生にとってもっとも給与条件のいい法律事務所への就職の場合，給与水準による激しい競争が観察されます。しかし競争は「価格」のみではありません。法律事務所が，夏休み中に同事務所のインターンとして働いた学生から新規採用する傾向が生まれ，優秀な学生をインターンに採用する競争が勃発したのです。1950年代から60年代は，就職先決定のタイミングはほぼ卒業と同時であったのが，1970年代には2年生でのインターンが当たり前になり，1970年代終わりには1年生でのインターン，1980年代中旬にはなんと法科大学院入学前の学生にインターンシップが提供されるまでに早期化したのでした。

新卒市場以外にも，早期化による市場の失敗の例があります。米国の大学ではアメリカン・フットボール（アメフト）のリーグ戦が盛んですが，リーグ戦終了後のポストシーズン（たとえば正月）に，ローズ・ボウル，オレンジ・ボウル，シュガー・ボウル，コットン・ボウルなど複数の特別試合（ボウル）が行われます。対戦大学チームがリーグ戦の成績などで自動的に決まるボウルもありますが，ボウルの主催者が対戦チーム（の少なくとも一方）を選択するボウルも数多くあります。ここに，主催者と大学チームの間の出場契約の決定が早期化する余地があります。「早期化して何が悪い」と考える読者もいるかもしれませんが，リーグ戦を何試合か残して出場大学チームを決めてしまうということは，出場チームの最終的な成績やランキングが不確実なままで決定するということになります。もしも出場チームが最後に連敗してランキングを落とすと，ボウルの魅力は半減してしまいます。

以上のような早期化の問題の対処法として行われるのが，「この期日以前に契約や採用をしてはならない」という一律の制限です。日本の就活の場合には，業界団体，関係官庁などが，会社訪問や選考の開始日を明示した就職協定を定めていた時代もありました。ちなみに僕が大学生のときは，4年生の10月1日が会社訪問解禁，11月1日が採用試験解禁，という時代でした。しかし10月1日以前にゼミやサークルなどのネットワークにより，水面下で個別面談が行われたり，内定が出されたりする「青田買い」が話題になったものです。こうして1990年代中旬には就職協定は廃止され，採用活動を律する倫理憲章となっていますが，結果的に就活はいっそう早期化・長期化してきました。

上記で紹介した他の新卒市場や大学アメフトのボウル市場で

も，同様の期日制限が行われましたが，その多くは日本の就活同様，当事者の非公式な方法や戦略的対応によって，効力を失ってしまいました。また，期日の設定が別の問題を引き起こすこともあります。たとえば米国の医科大学院は，成績や推薦状など学生にかんする情報を卒業1年前までは一切開示しないというルールに，1945年に合意しました。これによって早期化の問題はいったん解決しましたが，新たに市場の「混雑」の問題が顕著になってきました。たとえば病院が第1志望の学生に採用通知をして学生に断られた場合，そのときには次点の学生は他の病院への採用が決定していて，さらに低い順位の学生しか残っていないという事態が頻繁に起こるようになります。その結果，採用通知に対する学生の回答時間がどんどん短縮されたり，第1志望の学生に採用通知することをやめて，最初から次点の学生に採用通知するといった，非効率な戦略的行動が横行するようになりました。しかし，採用通知に対して短時間で回答しなければならなくなると，学生側も選択肢を十分考慮して決定することができなくなってしまいます。

7 キーワードは安定性
みんなが納得するマッチング

この結果，米国研修医（インターン）市場では分権的な採用プロセスをあきらめ，集権的に学生と病院とを組み合わせる（マッチングする）仲介プログラムが1951年に始められることになりました。このマッチング制度は全米研修医マッチング・プログラム（NRMP）と呼ばれ，いくつかの変更を経て今日まで続いています。また，日本を含む他国でも，同様の集権的な制度が研修医市

場に導入されています。

この集権的なマッチング制度は,大まかには次のように行われます。まず採用側の病院と卒業学生は,個々に面接を行います。その後,病院側は,採用したい順番に卒業学生をランクづけした選好リストを提出します。同様に学生側も,就職を希望する順番に病院をランクづけした選好リストを提出します。これらのリストを,ある手順で処理して,最終的なマッチングを決定します。

このマッチング制度が成功するかどうかの鍵となる条件は,マッチングの結果が**安定性**(stability)という条件を満たすかどうかにあります。現在スタンフォード大学のロス(Alvin Roth)は,上記の米国の研修医マッチング制度,および 1960 年代の英国の複数の地域で行われていた異なるマッチング制度などを分析して,安定性を満たす制度がいずれも利用され続けているのと対照的に,安定性を満たさない制度は,少数の例外を除いて利用されなくなったことを見いだしました。

安定性を説明するために,次のような例を考えましょう。研修医として働くことを希望する卒業学生アキラ,ボブ,クリスの3人と,インターンシップを提供するしんげつ病院,みかづき病院,まんげつ病院の3つの病院があります。医学部生の選好リストは次のようになっています。

- **アキラ:** みかづき病院,しんげつ病院
- **ボ ブ:** みかづき病院,しんげつ病院
- **クリス:** しんげつ病院,まんげつ病院

たとえばアキラは,みかづき病院での研修をもっとも強く希望

しており，次にしんげつ病院での研修を希望しています。が，まんげつ病院で研修するくらいなら，研修しない方がいいと考えるので，リストにまんげつ病院がありません。ボブも，たまたまアキラとまったく同じ選好リストです。クリスはしんげつ病院，まんげつ病院での研修のみを，その順番で希望しています。病院側の選好リストは以下の通りです。

- **しんげつ病院**： アキラ，ボブ，クリス
- **みかづき病院**： アキラ，ボブ
- **まんげつ病院**： クリス

この例で，マッチング結果が（アキラ，しんげつ病院），（ボブ，みかづき病院），（クリス，まんげつ病院）だとしましょう。アキラはしんげつ病院で研修，ボブはみかづき病院で研修，クリスはまんげつ病院で研修を意味します。このマッチング結果では，アキラは第1希望のみかづき病院に割り当てられませんでした。そこでアキラは，個人的にみかづき病院に電話しました。

アキラ： 「実はみかづき病院さんを第1希望とするリストを提出したのですが，マッチング制度では別の病院に割り当てられたんです。そちらでのインターンシップは無理でしょうか。」

みかづき病院： 「そうか，実はわれわれの第1希望も君だったのだが，別の学生を割り当てられてしまったんだ。相談だが，互いにマッチングの結果を受け入れず，個別に契約しようじゃないか。」

アキラ： 「ぜひお願いします！ 私たちは相思相愛だったんで

すね!」

　アキラとみかづき病院が,どちらもマッチングの結果を受け入れずに,「アキラはみかづき病院で研修」という決定をすれば,アキラにとってもみかづき病院にとっても,マッチング結果よりも希望順位の高い結果に移ることができます。この意味で,このマッチング結果は「安定性」という性質を満たしていないのです。一般的には,安定性を満たすマッチング結果は複数存在するのですが,この例では安定的なマッチング結果はただひとつ,(アキラ,みかづき病院),(ボブ,しんげつ病院),(クリス,まんげつ病院)です。この結果だと,これ以上に相思相愛の組合せをみつけることはできません。アキラとみかづき病院は互いに第1希望同士なので,マッチング結果以外の組合せで希望順位が上がることはありません。ボブはマッチング結果のしんげつ病院よりもみかづき病院の希望順位が高いのですが,みかづき病院に電話しても「うちは君より希望順位の高い学生を割り当てられたから」と断られてしまいます。同様に,しんげつ病院がマッチング結果のボブより優先順位の高いアキラにアプローチしても,クリスがしんげつ病院に電話しても,断られてしまいます。以上により,このマッチング結果は安定性を満たすことがわかりました。

　安定性を満たすマッチング結果を得るには,どのような手順でマッチングすればいいのでしょうか。実は1960年代初めにゲール (David Gale) とシャプレー (Lloyd S. Shapley) によって,そのためのアルゴリズムが示されていました。今日では**受入保留** (deferred acceptance, DA) 方式と呼ばれるものです。彼らは当時,全米研修医マッチング・プログラムのことを知らなかった

のですが，後にロスによって，現実に用いられている研修医マッチング制度が DA 方式であることが「発見」されたのです。意図的に採用したのではないにもかかわらず，理論的に望ましい特徴を持つ DA 方式が自然発生的に採用された例は他にもあります。たとえば，1990 年代の早稲田大学高等学院から早稲田大学の各学部・学科・専修への進学者決定のアルゴリズムが，DA 方式にもとづいていたことが知られています。

上記の例を使って，DA 方式を説明しましょう。まずそれぞれの学生の第 1 志望の病院を考えます。クリスのみがしんげつ病院を志望しており，しんげつ病院はクリスを選好リストに含めていますから，「とりあえず」クリスとしんげつ病院をマッチングさせます。以下ではこれまでと同様に（クリス，しんげつ病院）と書きましょう。アキラとボブの第 1 志望はみかづき病院ですが，みかづき病院はボブよりアキラの選好順位が高いので，「とりあえず」（アキラ，みかづき病院）とします。

ここまでで，ボブ以外は「とりあえず」第 1 志望の病院とマッチングされました。次に，ボブの第 2 志望の病院を考えます。第 2 志望はしんげつ病院です。しんげつ病院には「とりあえず」クリスがマッチングされていますが，クリスとボブを比べると，しんげつ病院の選好リストではボブの方が上位です。そこで，「とりあえず」（ボブ，しんげつ病院）に変更します。

以上の結果，マッチングされていないのはクリスだけです。クリスの第 2 志望はまんげつ病院です。まんげつ病院には誰もマッチングされておらず，さらにまんげつ病院はクリスをリストに含めているので，「とりあえず」（クリス，まんげつ病院）とします。

以上で全員が「とりあえず」マッチングされました。これまでは「とりあえず」のマッチングで、後に変更される可能性がありましたが、「とりあえず」をとって、最終的なマッチングとして決定します。こうして安定的なマッチング結果（アキラ，みかづき病院），（ボブ，しんげつ病院），（クリス，まんげつ病院）が得られました。

8 マーケット・デザインが現実を変える！

全米研修医マッチング・プログラム（NRMP）は現在まで利用され続けていますが、社会の変化によって修正を迫られたこともあります。たとえば、1950年代には医学部生のほとんどは男性でしたが、その後女性も増加し、1970年代には医学部生同士が結婚して同じ地区で研修医として働くことを希望するケースが増えてきました。当時のNRMPはそのようなケースを想定しておらず、夫婦が離れた地域の病院に割り当てられた場合などに、プログラムの結果を受け入れずに個別に病院と交渉して決める割合が増加したのです。いわば、これまで安定的だったプログラムが不安定になってしまったのです。

それまでは純粋な研究テーマとしてNRMPを外から分析していたロスは、ついに1995年に、NRMPの担当者からシステムの再設計を依頼されることになりました。彼が協力者と開発した新しいアルゴリズムは、今日医学部卒業生と病院の間のマッチングを毎年2万件以上実現しています。もともとのNRMPは、意図的にDA方式を採用したわけではなかったのですが、その方式がなぜ望ましいのか、社会の変化によってなぜ安定性が失われ

たのか,といった点が,ロスの参加によって経済理論的に解明され,新しいアルゴリズムに導かれたのです。マーケット・デザインの経済学が現実を変えた,象徴的な事例といえるでしょう。

日本でも 2004 年から臨床研修制度が発足し,DA 方式に準拠した明確なルールにしたがって,研修医がどの病院で研修するかを決める研修医マッチングが採用されています。また,新卒市場以外でも集権的なマッチングが行われるようになってきています。ひとつの例に,腎臓疾患の患者とドナーのマッチング制度があります。家族や友人といったドナーが患者への生体腎移植を希望しても,血液型や抗体の問題によって不可能な場合があります。たとえばドナーと患者のペアが 2 組あり,ペア 1 はドナーの血液型が A 型で患者は B 型,ペア 2 はドナーが B 型で患者が A 型としましょう。すると,それぞれのペア内での生体腎移植は不可能ですが,ペア 1 のドナーがペア 2 の患者に,ペア 2 のドナーがペア 1 の患者に生体腎移植できる可能性があります。つまり,このような 2 組の間の腎臓交換には大きなメリットがあるわけです。不適合ペアが 3 組あれば,さらに可能性は広がります。そのような腎臓交換市場を機能させるためには,多数の腎臓移植センターに参加してもらい,不適合ペアを登録してもらうことが必要になります。ロスをはじめとする経済学者が関与して,そのような全米規模の市場の構築が進められています。

もうひとつ,学校選択の例を紹介しましょう。米国ボストン市内の公立小中学校の新入生がどの学校に入学するかは,2005 年までは「ボストン方式」と呼ばれる方法で行われていました。大まかには,生徒の保護者は最大 5 校までの選好順位を提出します。一方各学校は,兄弟姉妹が在校生である生徒,通学区域内に

住む生徒などに優先権を与えます。そして生徒の選好順位にしたがって，定員を満たすまで割り振っていきます。この方式の問題は次の点にあります。第 1 志望の学校が人気校で，しかもその学校に優先権がない生徒を考えましょう。保護者が正直に選好順位を提出すると，第 1 志望の学校に入学できないどころか，第 2 志望の学校の定員もすでに埋まっていて，第 3 志望以下の近所とは限らない学校に通学させられる恐れがあります。もしも第 2 志望校を第 1 志望校と偽って提出することで第 2 志望校に入学できる可能性が高まるならば，保護者は真の選好順位とは異なる選好順位を提出して，割り当てを戦略的に操作しようとするインセンティブを持つことになります。正直に選好順位を提出することが最善の選択とはならないことは，公立学校側にも認識されていたようです。この問題を解消するために，2006 年にロスと共同研究者が提案した改革案が導入されました。新しい方式は DA 方式にもとづいており，第 1 志望を正直に申告した生徒が不利にならないような特徴を備えています。なお，学校選択制の設計については，すでに日本語で優れた入門書が出版されていますので，ぜひ参照してください。日本の学校選択制にかんする分析も行われています。

腎臓交換市場や学校選択制は，いずれも価格の役割がまったくない市場です。第 4 章で説明したように，売手と買手のマッチングを社会的に望ましい状態に導くために，価格は決定的に重要な役割を演じています。そのような価格がまったく使えない，お金の役割がない市場も，経済学によってよりよいものに改善することが可能なのです。

何らかの事情で集権的なマッチング制度に移行できない市場

も少なくありませんが、そのような市場でも、設計できることがあります。米国の大学院に留学する場合、前年の12月頃までに選考書類を提出すると、1月から3月に合否の連絡が届きます。では、その合格通知にすぐに回答しなければならないのでしょうか。大多数の大学院は、「学生は4月15日まで合格通知に返答する必要はない。それまでに合格した大学院を検討して、4月15日までに進学校を選べばよい」という方針に合意しています。この方針によって、各大学院には、合格通知を少しでも早く出して学生を囲い込むインセンティブがなくなります。こうして、分権的な市場でも早期化の問題を回避することができます。このように回答をすぐに迫る提示を無効化したり、そもそもそのような提示を禁止することによって、早期化の問題が解消され、より望ましいマッチングが実現することは、実験でも裏づけられています。

　皆さんの身の回りにも、早期化や選好順位の操作の問題が発生する市場の例は多々あります。たとえば大学におけるゼミナール（演習）への参加を考えてみましょう。僕が所属する大学では、3・4年次の2年間ゼミナールに所属することが必修となっています。毎年4月に、学生はひとつのゼミナールに参加願を提出します。レポートや面接による選考に受かって参加を認められれば万々歳ですが、選考に漏れると他のゼミナールを探さなければなりません。しかし多くの学部では、選考に漏れた学生は、まだ応募中のゼミナールを探して、教員と個別交渉しなければなりません。二次募集の日時を決めて行うゼミナールもありますが、ゼミナールごとにばらばらに行われ、また、事前には二次募集の有無はわかりません。このような制度では、ボストン市の保護者の

ように，第1志望のゼミナールには応募せずに，はじめから第2志望以下のゼミナールに応募する学生が出てくるのは当然です。どのようにゼミナール選考制度を設計するかという問題も，マーケット・デザインの問題なのです。

　最後に就職活動の早期化の問題に立ち返りましょう。新卒者の就職市場を集権化して，適切なマッチング方式を設計することがひとつの解決方法となります。もしも集権化が不可能ならば，分権化したままで早期化を解消する方法を考えることになりますが，採用活動を開始する期日を非公式に制限しようとしても，うまくいかないことはすでに明らかです。米国の大学院入学制度のように，学生が内定への返答を一定期日まで保留できるようにして，学生を囲い込もうとする会社側のインセンティブをなくしてしまうような仕組みが必要となってきます。他方，このような仕組みを導入すると，保留期限後に採用枠を埋められないことが明らかになって，途方に暮れる会社が多く出てくるかもしれません。この問題は，採用枠を埋められない会社と，この時点でまだ内定のない学生との間の緊急用市場のようなものを設計して，どの会社がまだ採用活動を行っているのか，どの学生がまだ雇用可能か，を互いに知る機会をつくることで緩和できるでしょう。ただし究極的には，会社が硬直的な採用計画や新卒一括採用の慣行を見直し，大学が教育の質や成績などの情報価値を高めていくことが必要になっていくと思います。

第 9 章

思惑の衝突を超えて
～組織デザイン～

1 市場を介さない取引

ブラックボックスを開けてみよう

　読者の皆さんの多くは,経済学というのは「市場」で価格がどのように決まるのかを分析する学問,というイメージを持っているかもしれません。確かに本書でも第4章で,商品を購入して自分で使う,もしくはサービスを享受するためにお金を払う消費者が多数いる,最終消費者市場をイメージして分析しました。実際,日本をはじめとして多くの国の経済は「市場経済」と呼ばれています。

　われわれにとって身近なのは,スーパーマーケット,百貨店,コンビニ,家電量販店,通販サイトなどを訪問して商品を選んで購入するという形式の取引です。しかし,その裏では多くの異なる形式の取引が行われています。通販サイトが注文を受けた商品を発送する際には,ヤマト運輸や佐川急便のような宅配便業者を利用します。小規模なショップならば,発送の必要（需要）が発生するごとに宅配サービスを供給してくれる業者を探す,という取引を行っているかもしれません。これは皆さん（ショップに対応）がコンビニで商品（宅配サービス）を購入する取引と大きくは違いません。しかし,アマゾンのような大規模なショップとなると,皆さんがコンビニで買い物をする取引とは違って,あらかじめ宅配便業者と定期的な集配や特別な価格の契約を結んでいるはずです。一方,ピザチェーンのデリバリーの場合には,アマゾンのような通販サイトが別会社の宅配便業者を利用しているのとは異なり,ピザチェーンが配達業務を自ら行っています。アマゾンと宅配便業者の間の取引は,コンビニでの買い物とは異なるとは

いえ、市場を介した会社間の取引ですが、ピザチェーンはピザをつくる業務と注文者に届ける配送業務との間の取引を、同じ社内で、自社の従業員によって行っていることになります。これはもう市場を介さない企業内の取引ということになります。

　実際、市場経済には非常に大きな多数の企業が、その組織内で多くの取引を行っています。パソコンに必要な部品をほとんど自社では生産せずに他の会社から購入し、自社内ではもっぱら組立のみを行うパソコン製造会社もあれば、必要な部品の多くを内製するパソコン製造会社もあります。ガリガリ君を製造販売する赤城乳業は、最初はキャラクターを自社の従業員にデザインさせて売り出しましたが、2000年には消費者調査の結果をふまえて、キャラクターのデザインを外注することにして、外部のデザイナーに任せ全面リニューアルしました。これは、企業内での取引から市場を介した取引に変わった例ということになります。

　伝統的な経済学では、第4章で紹介したように、企業は市場に参加して商品やサービスを提供する売手として登場します。資本、労働力、原材料などさまざまなインプットを、製品やサービスに変換してアウトプットとして販売する主体です。しかもこの企業は、常に最小費用・最大利潤を達成する非常に優秀な経営を行っているものとみなされていますが、その組織がどのようなもので、どのようにマネジメント（経営）を行っているのかはまったくわかりません。「経済学の企業はブラックボックスだ」と揶揄されることもありました。独占企業の価格決定や、同一商品・サービスを提供する会社が非常に多数存在する競争市場での均衡価格について理解を深めるためならば、そのような単純な企業像も有効でしょう。しかし上記の例は、企業のなかで何が起こ

っているかということにもっと注目する必要があることを教えてくれます。

2 権限関係のデザイン
分権か集権か？

　企業内部での取引は，市場での取引と何が異なるのでしょうか。アマゾンと宅配便業者の間の取引の場合には，互いの義務と権利を詳しく記述した契約が書かれ，その内容に両社が事前に合意しているはずです。一方，ピザチェーンのピザ製造部門もしくは製造担当者と配送部門もしくは配送担当者の間には，そのような契約書はないのが普通です。配送業務を行う従業員は，店長の命令にしたがって配達を行っているだけです。店長は，従業員に対する人事権，指揮命令権などを有しており，従業員は店長の指示にしたがわなければなりません。このような店長と従業員の間は対等な関係ではなく，「権限関係」にあるのです。この権限は，労働法上の労働契約の概念による公式の権利です。もちろん店長側にもさまざまな義務が生じ，解雇権のように厳しく制限されている権利もあります。他の権利も無制限に行使できるというわけではありません。さらに，従業員にも退職の自由などの権利があります。

　そのような権限関係は，市場と対比したときの組織の重要な特徴です。市場取引においても対等でない権限関係は成立しえます。明示的な契約を通してアマゾンが宅配便業者に一定の指揮命令を与えることもあります。しかし，従業員が雇用主の指揮命令を受け入れるのとは異なり，相手の会社側には指揮命令にしたがわなければならない法的義務はありません。また，会社間の紛争

が発生すれば裁判所が介入することになりますが、企業内部の紛争の場合には、裁判所もそこでの権限関係を尊重する傾向があるともいわれます。

　権限関係を基礎に持つ企業組織ですから、公式の最終決定権は階層組織のトップ、たとえば社長が握っています。しかし、社長がすべての決定を行うような会社は、非常に小規模な一部の会社を除いてほとんどありません。多くの決定権限が、組織下部に委譲されています。ピザチェーンのトップに位置する社長が、それぞれの店舗で誰が配達業務を担当するのかを決めているはずはありません。個々の店舗の店長にさまざまな決定権限が委譲され、そのひとつとして配達業務の担当を決めているはずです。権限委譲をあまり進めずに集権化した組織にするか、それとも権限委譲を大幅に進めて分権化された組織にするかは、組織デザインの上で非常に重要な問題です。たとえばピザチェーンは各店舗の店長に、どのような権限をどの程度委譲するのが望ましいでしょうか。この問題を理解するためには、権限委譲のメリット・デメリットを注意深く考える必要があります。

　権限委譲がもたらすメリットとしてよく語られるのは、「任せることによって人はヤル気を出す、人が育つ」という原理です。これは、権限を与えられた者のヤル気へのインセンティブ効果です。自ら決定できるということは、その決定がもたらす可能性のある名声、評判、学習などを自分自身が左右できることになります。金銭的報酬を無視しても、ヤル気への影響は強大です。

　権限委譲の第2のメリットは、「情報を持つ人の手に意思決定の権限を委ねよ」という原理です。企業は、不確実で変化する複雑な外部環境に取り囲まれています。われわれひとりひとりの情

報処理能力には限界がありますから、組織のメンバーが異なる情報源に分業して特化することによって、組織全体でより多くの情報を集めることができます。しかし、第7章3節（153頁）でふれたように分業の結果、組織内部で情報が偏在するという現象は避けられなくなります。だからこそ、現場の情報・知識を持つ者に決定権を与えることによって情報を決定に反映させ、組織の環境適応能力を高めることができるはずです。ピザチェーンの各店舗が持つ担当地域固有の情報、たとえば注文傾向、交通状況などの情報はその店舗に集められますから、必要な材料の調達や配達計画の決定権を各店舗に任せることはメリットとなります。

　しかし、権限委譲にも**コントロールの喪失**（loss of control）と呼ばれるデメリットがあります。たとえば、いくつかの事業部を抱えた大きな会社でひとつの事業の責任者となっている事業部長は、組織全体の業績よりも、自身の事業部の業績により重きを置く傾向があります。そのような事業部長の手に決定権を委ねることによって、ある事業部にとって最善の決定でも、会社全体にとっては必ずしもベストの決定とはならないという問題が発生します。分権経営で知られた会社で、異なる事業部の開発した製品が同じ市場で競合してしまう、という問題はその典型的な例です。ピザチェーンの各店舗に宣伝を任せると、担当地域で売りやすい商品に力を入れ、チェーン本社が力を入れたい商品の宣伝をおろそかにするかもしれません。このような権限委譲のメリットとデメリットのトレードオフを意識して、バランスをとることが必要です。

3 組織内のコミュニケーションは難しい
それぞれの思惑と情報伝達

　ここまでの議論では，組織メンバー間，本社と事業部や店舗間，などのコミュニケーションの可能性を考えてきませんでした。しかし，有益な情報を持つ各現場が組織上部に情報を伝え，伝えられた情報にもとづいて組織上部が決定すれば，「情報を持つ人の手に意思決定の権限を委ねる」ことと同等以上の効果を，権限委譲することなく得られる可能性があるのではないか。だとしたら，情報利用という権限委譲のメリットは失われるのではないか。そのように考えた読者の方々は自分をほめてあげてください。しかし，適切な情報が正確に伝達されるのか，という懸念があります。たとえば「現場の危機感が上層部に伝わらない」という問題が指摘されることがあります。なぜそのような問題が組織で発生してしまうのでしょうか。第7章での議論と重複しますが，改めて考えてみましょう。

　第1に，実際には現場が一生懸命情報を伝えていたにもかかわらず，その情報が伝えようとした危機感を，現場にいないトップは理解できなかったのかもしれません。現場の情報は，その現場にいる当事者にしかわからない暗黙的なものが多く，整理して文書化しても真意が伝わらない可能性が多々あるのです。

　第2に，現場が上層部と同じ目的を共有していたとしても，周囲の状況をふまえての自身の損得計算の結果として，自らの危機感という情報を開示しないことを選んでしまったのかもしれません。第7章3節（153頁）で，隣り合った2軒のレストラン，アラン亭とビストロボンのどちらに行くかという問題における合

理的群衆行動の可能性を紹介しました。ここでは組織の例で説明しましょう。会社の現場担当者のなかに，会社の経営に対する危機感を持った者が複数いるとしましょう。彼らが会議で順番に発言するとき，最初の2人の担当者がたまたま会社の経営が順調だと考えていてそのように発言すると，3人目の担当者が危機感を持っていたとしても，最初の2人の言動から「自分の危機感は杞憂か」と考え，自らの情報を否定して危機はないんだという認識に到達し，そのように発言してしまう可能性があります。すると，仮に4人目以降の担当者が全員危機感を持っていたとしても，彼／彼女たちも同じように考えて発言してしまい，その情報は開示されずに終わるわけです。

　第3に，第1，第2の理由と異なり組織全体の目的が共有されていない状況では，情報を持つ人が適切な情報を正確に上に伝えないというインセンティブ問題が発生します。いいかえれば，目的の乖離が大きくなるほど，たとえば事業部長の目的が自身の事業部の業績に偏る程度が大きいほど，ピザチェーンの店長が自分の店舗の売上だけにこだわる程度が大きいほど，情報が正確に伝わらないというコミュニケーションの問題も大きくなります。コミュニケーションの可能性を考慮しない議論であれば，目的の乖離が大きいほどコントロールの喪失による権限委譲のデメリットが大きくなり，集権化が望ましくなります。しかし，ここでコミュニケーションの可能性を考慮すると，目的の乖離が大きいほど情報伝達も不正確になり，集権化のメリットも失われてしまうことになります。したがって両方の効果を比べて考えると，目的が偏った事業部や店舗に権限を委譲して分権化しておく方がよいことさえあるのです。

たとえば，経済産業省の新原浩朗氏は，日本の「優秀企業」の共通の特質のひとつとして，「危機をもって企業のチャンスに転化すること」を挙げています。そして，トップの取り巻きや中間管理職層（ミドル）が，耳触りな情報をトップに上げない「イエスマン」の集団になるという問題を指摘しています。なぜ「イエスマン」が出現してしまうのでしょうか。すでに紹介した合理的群衆行動がその問いに答えてくれていますが，ここでは関連した別の理論で説明してみましょう。

　トップは，現場に情報探索の努力を求めていて，加えて現場が持っている現状認識についての真の情報を引き出したいと考えています。一方，トップ自身が持つ現状認識も当然あります。現場が努力するほど，より正確な（しかし完全にはわからない）現状認識をできるとします。トップも現場も真の「現状」を知りたいと考えているので，現場が努力して現場の現状認識が正しい可能性が高くなるほど，トップの現状認識と一致する可能性も高くなります。したがってトップは，現場が報告してくる現状認識がトップの現状認識と同じときに十分高い報酬，たとえばボーナスを支払うことによって，現場の情報探索努力を引き出すことができます。このように報酬を与えること自体は何ら悪いことではありません。問題なのは，トップがどのような現状認識でいるのかについて，現場がたとえ不正確であっても予想できる場合です。なぜならば，現場は自分たちの現状認識，たとえば危機感を正直に伝える場合よりも，予想されるトップの現状認識の方向に，自分たちの現状認識を歪めて伝える方が，ボーナスを得られる可能性が高まるからです。

　こうして「イエスマン」が出現することになります。現場が報告してくる現状認識とトップの現状認識とを比較してボーナスを

支払うことをやめれば,現場は現状認識を歪めるインセンティブがなくなるので,正直に現状認識を報告します。しかし,現状についての情報を探索しようとする現場の努力インセンティブはなくなってしまいます。情報探索努力のインセンティブを与えることと,正直に現状認識を報告させることとの間にトレードオフが生じて,「イエスマン」が出現してしまうのです。

4 組織内の調整も難しい
コーディネーション問題

　権限委譲のもうひとつのデメリットは,他の部署とのコーディネーションの問題です。それぞれの事業部のビジネスが互いに関連がなく,他の事業部のビジネスに影響を与えないならば,各事業部に事業にかんする権限が委譲されてバラバラに意思決定が行われることに,さほど問題はありません。しかし,各事業部での決定が他の事業部のビジネスに影響を及ぼす例もたくさんあります。第4章10節 (100頁) の市場の失敗で登場した用語を使えば,各事業部の決定は,別の事業部に外部性をもたらすことになります。そもそも会社やブランドの名前が共通していれば,ひとつのビジネスでの成否は他のビジネスに波及します。また,ヒトやカネの配分,間接部門の利用をめぐっては,各事業部は競争関係になります。さらに,実際に異なる事業部で異なる製品を販売していたはずが競争関係となり,同じ市場で喰い合ってしまうような例さえあります。

　このような状況では,第3章4節 (50頁) のコーディネーション・ゲームのように,事業部間の意思決定のコーディネーションが大切になりますが,各ビジネスの意思決定を担当事業部に委譲

して分権化された組織では、コーディネーションをうまく行うことは容易ではありません。たとえばふたつの事業部が、新しいビジネス分野に参入するかどうかを決定する状況を考えてみましょう。新しいビジネス分野は、ふたつの事業部のそれぞれが担当する分野と微妙に関連しています。ふたつの事業部が、参入するかどうかを同時に、そしてお互い別々に決定する分権化組織では、2種類のコーディネーション問題が発生します。

第1に、両方の事業部が参入してしまうことで生じる重複の問題です。第2に、どちらの事業部も参入しない、様子見するということで生じる遅れの問題です。本社が決定する集権化組織は、これらの問題を解決することができます。どちらか一方の事業部を指名してその事業部のみに参入させればいいのですから。ただし、はたしてどちらの事業部に担当させる方が会社全体にとって望ましいかを判断するための情報が本社にない場合には、事業部とのタテのコミュニケーションに依拠することになり、すでに説明したコミュニケーションの問題に再び直面することになります。一方、分権化組織でも、本社を介さずに事業部間でヨコのコミュニケーションをとることによって、コーディネーションの問題を解決することが可能です。どのような条件で、どちらのコミュニケーションの方がより有効になるのか、を注意深く評価する必要があります。

5 ちゃぶ台返しはヤル気を挫く!?
権限委譲とコミットメント

ここまで、企業内での取引を市場取引と区別する基本的な概念として権限関係を取り上げ、権限委譲という組織デザインの問題

を分析してきました。その重要な前提として、いったん決定権限の委譲がなされたならばそれは最終的なもので、その決定権限が取り消される可能性はないと想定してきました。しかし、すでに述べたように、公式の最終決定権は階層組織のトップ、たとえば社長が握っています。したがって、各事業部に担当ビジネスにかんする決定権限が委譲されたとしても、それは実は絶対的なものではなく、本社の意向によって事業部の決定が覆される可能性もあります。

たとえば、2001年当時、社内カンパニー制をとっていた東芝内部の「家電機器社」は、日本アムウェイ向けの商品を開発・製造する基本合意に達していました。カンパニー制をとる東芝では「家電機器社単独で提携する案件は、経営会議や取締役会にかける必要はない」という認識で、提携の第1号商品の予約販売にこぎ着けていました。ところが、提携や製品が対外的に発表されることはなく、東芝本社が「待った」をかけたという形で、提携は流れてしまったようです。東芝本社としては、家電機器社だけの問題では済まされないという判断だったようですが、このような介入が家電機器社や他の社内カンパニーの今後のインセンティブにマイナスに働いた可能性があります。いまやシリコンバレーの大企業となったグーグルも同様の問題を認識して、社内の自律的部門は、独立のスタートアップ企業を経営するのと同様の自由裁量が与えられ、本社からの承認もほとんどいらないという明示的な方針を掲げています。しかし、業界関係者は、はたしてこのコミットメントに信憑性があるのか、懐疑的なようです。

トップがいつでも部下の決定を覆して権限を取り戻すことができるがゆえに、組織の内部で公式に権限を委譲することは難しく

なります。このように決定を覆す可能性を残しておくことには，コントロールの喪失のマイナスを防ぐという利点もあります。しかし，決定が覆される可能性を予想した部下のヤル気が損なわれてしまい，権限委譲のインセンティブ効果が弱まってしまいます。

　組織下部に非公式に権限を委譲して実質的な決定を委ね，ヤル気を出させることを追求するためには，組織のトップが介入して決定を覆さないという評判を築くという対策が考えられます。組織全体の目的からずれた決定がなされることがあっても，我慢して見守らなければなりません。ときどき誤った決定をする子どもを見守ることで，子どもの自主性も養われるようなものです。とはいえ，このような非公式な権限委譲は，常に実行可能とは限りません。分権的経営の方が望ましいとはいっても，集権的経営との成果の差がそれほど期待できない場合には，誤った決定を見過ごすことで得られるものは少ないでしょう。また，組織下部の決定が頻繁に組織全体の目的から大きく乖離するような場合には，見過ごすことの短期的損失が大きすぎます。これらの状況では，仮に公式の権限委譲が可能ならば分権的経営の方が望ましくても，それを非公式に実現することはできないでしょう。

　また，いっそのこと目をつぶってしまえば介入の誘惑は生まれません。「多角化により事業が追加され，すべて同じようにみることができなくなったトップが権限委譲を行う」。この一見当たり前の主張の裏には，忙しいからこそ部下の決定をいちいち調べることが難しく，実質的な決定権を組織下部に委譲しやすいという面もあります。「戦略と事業の分離」のために事業遂行の権限を委譲しても，トップが事業ばかり気にしていてはこの目論見も

砂上の楼閣となってしまいます。トップが戦略策定に追われることによって，事業遂行の権限委譲も確固たるものとなるのです。

第3章11節（73頁）で紹介した例ですが，オムロンでは，課長の意識変革のために，最長3カ月間のリフレッシュ休暇を導入しました。「3カ月も休んだら課はどうなる」と心配した課長さんもいたようですが，いざ休暇をとったらかえって業績が向上する部署も出てきたそうです。立石義雄オムロン会長（当時）によれば，その理由は「人材育成など，本来，課長がはたすべき職責をはたさず，課員に任せるべき仕事をしていたから」とのことです。課長の役割のひとつは，上層部に忠実に部下を指揮監督することにありますが，この役割をはたしすぎるとかえって会社全体にとってマイナスになることもあるわけで，「中間管理職のジレンマ」とも呼べそうです。

6 任せた後で起こること
エージェンシー問題，再び

さて，市場取引と比較したときの組織内取引の重要な特徴は権限関係にあること，そして，コントロールの喪失というデメリットがあるものの，ある程度の権限委譲もまた組織内では不可欠であることを説明してきました。ここからは，コントロールの喪失の問題をいかにして緩和するか，という問題を考えてみましょう。コントロールの喪失が問題となるのは，事業部長や店長の利害が本社や組織全体と完全に一致していないからです。なので，決定を委ねられた人と組織全体の利害ができるだけ一致するような仕組みをつくればいいじゃないか，ということになります。決定を委ねられた人は，第6章の用語を使えばエージェン

トですから、第6章で扱った、エージェントの「隠された行動」への3つの対処法を振り返ってみましょう。(1)「行動」を直接監視（モニタリング）する。(2)エージェントをプリンシパルにしてしまう。(3)成果（アウトプット）にもとづくインセンティブ設計を行う。(1)は、本章で扱っている問題に即していいかえれば、任された人の「決定」を監視することになり、決定を覆す可能性も含めて、権限委譲のメリットも失ってしまうかもしれません。(2)は、いわば組織を分けて権限関係を解消することに対応します。(3)によると、決定権限を委譲すると同時に、決定が引き起こす結果に対する説明責任も負わせなければならないということになります。「任せ、しかし任せっぱなしにしない」ことが大切だということですね。

　また、事業部制や社内カンパニー制で事業部長、カンパニー社長に大幅な事業遂行の権限を与える場合に、その評価基準を何にするか、という問題があります。売上、成長率、利益、収益率…。いずれを採択するかで事業部長の決定は変わってきます。さらに、もっぱら事業部やカンパニーの成果でのみ評価してよいかという問題もあります。決定を任された人の利害が組織の目的から乖離しないようにしなければ、権限委譲が組織にもたらす価値は下がってしまいます。しかし、任された人が組織にとって有益な情報・知識を捨てて組織に迎合するようなことにならないような工夫も必要です。

　事業部Aの事業とBの事業が互いに関連する（競合ないしは補完し合う）ならば、事業部Aの長に対してAの事業の成果のみに責任を負わせると、関連があるはずのBの事業を考慮しなくなったり、ときには悪い影響さえ与えてしまったりして、組織全

体にとって最善な決定が行われなくなる可能性が出てきます。しかし，他の事業を意識させすぎると，Aの事業において創造性を発揮することができなくなり，新味のない決定に落ち着いてしまう危険もあることに留意すべきでしょう。

決定の成果にどのように報いるか，というインセンティブ設計の問題については，すでにいくつかの章でふれました。年俸制にして成果を迅速に給与に反映させるか，それとも積み上げ型給与体系にしてリスクを会社が負担するか（第5章，122頁），マルチタスク問題にどう対処するか（第6章，142頁），内発的動機づけが締め出されない業績連動報酬制度をどう設計するか（第6章，143頁），業績連動報酬のスクリーニング効果（第7章，167頁），昇進決定がもたらすシグナリング効果をどう考えるか（第7章，160頁）。これらは人材マネジメントの問題であると同時に，コントロールの喪失を介して組織における意思決定問題とも関連してきます。

7 市場も組織も一筋縄ではいかない
企業の境界

次に，市場取引と組織内取引間の選択の問題を考えましょう。なぜ，通販サイトは宅配便業者との市場取引を選択しているのに，ピザチェーンは配達業務を自らの従業員によって行い，組織内で完結させているのでしょうか。

出発点として，第4章の10節（100頁）で紹介した「市場の失敗」の問題を考えましょう。市場での自由な競争に任せておくことが望ましいための条件が満たされないと，市場がうまく機能

しない「市場の失敗」が発生します。第4章では,市場の失敗を引き起こす要因として,少数企業間の競争,外部性,情報の非対称性,取引相手を探す費用を紹介しました。しかし,これらの要因によって直ちに,市場取引をあきらめて組織内に移行することが望ましくなるわけではありません。市場の失敗の要因の多くはまた,企業内においても組織の非効率性を生み出す要因となるからです。事業部間では顧客や資源をめぐる競争,業績格差の内部補助を起因とするただ乗り,シナジーのような外部性の問題が山積しています。さらに,組織のなかで分業が進んでいれば,組織全体で情報を共有することは容易ではありません。市場の失敗の源泉は,また組織の失敗の源泉ともなるのです。

取引を市場で行うか,それとも組織内に取り込んで権限関係の下で行うか,という選択の問題は,経済学の業界では**企業の境界**(firm boundary) の問題と呼ばれています。この問題を明らかにして分析をはじめたのが,1991年にノーベル経済学賞を受賞したロナルド・コース (Ronald Coase) と,2009年に受賞したオリバー・ウィリアムソン (Oliver E. Williamson) です。第4章でも明らかなように,伝統的な経済学の世界では,会社は消費者とともに市場に参加する意思決定主体としてとらえられています。資本,労働力,原材料などさまざまなインプットの買手として,同時にインプットから製品やサービスを生み出して販売する売手として,市場に参加しています。このような見方を180度ひっくり返したのがコースの仕事(のひとつ)です。コースは,会社を市場と対比させ,市場と同様にさまざまな人々の交わる場であるが,市場とは異なるルール(とくに権限関係)で機能する資源配分の仕組みとみなして,共通の経済学の枠組みで分析する可能性を

示唆したのです。通販サイトやピザチェーンが，配達業務を市場で行うか会社組織内で行うか，という対比ですね。

コースはさらに，市場で「価格メカニズムを利用するための費用」に注目しました。そしてこの費用は，その後ウィリアムソンの一連の研究によって精緻化され，**取引費用**（transaction cost）と呼ばれるようになり，企業の境界を理解するための鍵となる概念のひとつになっています。

市場取引の下では，さまざまな取引費用が発生します。取引相手の探索，適切な価格水準の設定，取引に関連する事態の予測，契約案の交渉・作成などにかかる費用です。このような費用がかかると，将来起こりうるすべての事態を契約に記載して，かつ，それぞれの事態にどう対処するか，誰にどのような義務があるのか，などをいちいち記載することは時間と労力の費用が高くつきすぎます。その結果，取引主体のとるべき義務がまったく規定されていない事態が起こる可能性がある，という意味で，現実の契約には「穴」が少なからずあることになります。もっとも，「記載された状況以外の事態が発生したときには，○×を裁定者とする」とか「両者で話し合う」などの条項を契約に記せば，「穴」は一応表向きにはなくなります。しかし，実際にそのような事態が発生したときに「ではどうするか」について，契約はおおざっぱな枠組みを決めているだけで，あまり頼りになりません。このような契約のことを，経済学や関連分野の業界用語で**不完備契約**（incomplete contract）と呼びます。

このように契約が不完備になると，あらかじめ詳しく考慮されていなかったさまざまな事態が，取引の進行中に実際に発生することになります。そして，そのような事態が発生してから，交

渉などによってどのように対処するかを決めることになります。そのときには不完備契約はあんまり助けになりません。第3章7節（59頁），第7章4節（155頁）などで説明したように，売手と買手の交渉は，互いに少しでも多くの利益を手に入れようとするために難航し，合意の遅れが生じたり，物別れで終わるといった非効率な結果になる可能性があります。このように取引が進む過程で発生する費用も，取引費用に含まれます。

そこで，市場をあきらめて会社内部に取引を取り込むことによって，このような取引費用を節約することができる可能性があります。同じ組織メンバーの間での取引では，権限関係を活用することによって，取引相手の探索，適切な価格水準の設定，取引に関連する事態の予測，契約案の交渉・作成などにかかる費用を節約できます。さらに，不測の事態が起こってからどのように対処するかを決める際の合意の遅れや物別れに終わる可能性を軽減できるでしょう。もちろん組織内取引にはデメリットもあります。第1に，より低い生産費用で製品やサービスを提供できる相手と取引できない可能性があります。取引費用は節約できても，生産費用がかえって高くつくかもしれないのです。

第2に，本章で説明したように，権限委譲にまつわるコミットメントの問題によって最終的権限を持つ者が過剰に介入し，組織階層の下位の者のヤル気が削がれるという問題が発生します。

第3に，第2の問題とは逆に，下位の者が最終的権限を持つ組織階層上位者に働きかけるという問題があります。経済学の業界用語で**インフルエンス活動**（influence activity）と呼ばれるものです。インフルエンス活動とは，組織における価値の分配にかかわる意思決定に影響を及ぼそうとする試み，と定義されます。

たとえば、企業の従業員が自分を昇進させるように上司に働きかけたり、ある事業部が他の事業部の投資計画ほどよくない自分の投資計画を採用するように、経営の上層部に対して説得しようと試みることなどです。このような活動は、最終的権限が集中しているがゆえに階層的な組織においてより深刻な問題となります。決定権限を持ち、働きかける相手が明確だからです。

そして、インフルエンス活動が新たな組織の費用を生み出してしまいます。まず第1に、インフルエンスに成功し決定が歪むことで生じる価値の喪失があります。「従業員から正しい情報が伝わらないので、いい決定ができない」ことで生じる費用です。第2に、価値創造を犠牲にしてインフルエンス活動に時間、労力が費やされることで生じる費用です。「もっとほかのことに時間を使えば価値を生み出せたのに」というわけです。そして最後に、インフルエンス活動を制限する目的から生じる組織の業績の劣化の費用があります。「インフルエンス活動が問題になっていなければ必要のない、非効率なマネジメントや組織構造を採用しなければならない」ことで生じる費用です。たとえば、あらかじめ決められた硬直的なルールにしたがうという意味で「官僚的」な決定プロセスは、とかく悪者扱いされますが、インフルエンス活動を制限するというメリットもあるわけです。しかし、インフルエンス活動を防ぐために官僚的決定プロセスを採用することのデメリットを受け入れなければならないということになるのです。

以上のように、市場取引と組織内取引には、それぞれメリットとデメリットがあります。では、どのような取引が組織内に取り込まれるのがいいのでしょうか。基本的アドバイスは、「取引費

用があまり高くならない取引は市場で行うべし」，ということになります。一般に取引の不確実性が高く，また取引される製品やサービスの複雑性が高いほど，事前に書かれる契約が不完備である程度が高まります。また，不測の事態が生じたときに交渉で対処することの費用も高まるでしょう。よって，不確実性や複雑性の高い取引は，組織内に取り込む方が望ましい可能性が高いといえます。

たとえばアメリカン，ユナイテッド，デルタなど米国の主要航空会社は，地方路線の運行をどうするかという問題に直面します。自社もしくは自社の子会社でカバーするという「組織」を選択するか，独立系の地域専門航空会社と契約してカバーするという「市場」を選択するかという問題です。この取引の場合，降雨，降雪，凍結日数など空港の気象条件を不確実性の指標，主要航空会社のハブ空港であるかどうか，空港のフライトの数などを複雑性の指標とすることができます。そして，気象条件の悪い空港間の路線，一方の空港が主要航空会社のハブ空港である路線，それぞれの空港のフライト数が多い空港間の路線の運行は，不確実性や複雑性が高い取引ということになり，組織内取引で対処することが望ましいことになります。実際，主要航空会社はそのような路線を自前でカバーする傾向が高いことが知られています。

本章の最初に戻って，商品の配送を自社で行うか，宅配便業者にアウトソーシングするか，という問題も同様に考えることができます。通常の通販サイトの場合には，さほど不確実性・複雑性の高い取引はありません。よって専門の宅配便業者と契約して市場取引を行うことが選ばれます。しかしピザチェーンの配達業務の場合には，生ものであることに起因する不確実性や複雑性があ

ります。料理のタイミングに合わせた配達やスピードの重視，注文主のクレームなどの可能性や迅速な対応の大切さなどが考えられます。また，配達地域が限定されるので，専門の宅配便業者を用いることのメリットも小さいと考えられます。こうして，自社による組織内取引が選ばれるということになります。

まとめとオマケとあとがきと

● ま と め

　第1章から第9章まで読んでくれた皆さん，お疲れさまでした。授業や教科書で勉強する際には，ときどき学習したことを振り返って「木を見て森を見ず」状態に陥らないように意識することが大事です。本書のような超入門書でも，その内容は多岐にわたります。というわけで，この最後のパートで，まず本書の特徴と内容，主なメッセージなどをざくっとまとめたいと思います。

　第1章でしつこく繰り返したように，本書は教科書ではありません。本書を通読することだけでは，入門レベルの経済学さえ学習したことにはなりません。本書が目指したのは，「経済学を勉強する敷居を低くする」ことです。「経済学に対して知的好奇心を持った」「経済学を勉強してみようかという気持ちになった」という読者が少しでも増えてくれること，これが本書のささやかな到達目標です。そのことを念頭に置いて，まず第1章で，経済学には「対象」と「文法」というふたつの顔があること，さらに「対象」のうち，多くの人が経済学から連想するものよりもずっと小さな（ミクロな），家計，会社，市場といった構成単位の考察が，経済学の重要な割合を占めること，を説明しました。本書でもこれらの構成単位をもっぱら対象としてきました。
　そして本書がとくに力を入れて伝えたいひとつのメッセージは，思考のための「文法」としての経済学の顔を忘れちゃいけな

いよ，という点です。経済学は人間の行動への理解を深める科学であり，人間の行動の分析に際して特定の「文法」を持つ学問としての顔を持っています。経済学のお勉強は，重要な決断に迫られている人間の行動を分析する「文法」の学習なんだ，という意識を持てば，経済学をもっと身近なものに感じることができると思います。皆さんの日常生活の裏側には，経済学の「文法」で読み解くことができる論理がたくさん隠されています。

　人間行動を読み解く「文法」としての経済学の顔を強調するために，導入部である第1章に続いて，まず第2章では決断を迫られるひとりの意思決定，第3章では，あなたの裏を書こうとしたり逆にあなたの決定に合わせようと努力したりする相手がいる戦略的状況（ゲーム）での意思決定，そして第5章では意図のないリスク（自然の不確実性）に直面する場合の意思決定の論理を解説しました。主なメッセージをまとめてみましょう。

(1) 日常生活で用いられる用語と重複する経済学の専門用語（業界用語）の意味を正しく理解せよ。

(2) 意思決定主体は，次の特定の意味で「合理的」と想定する。①可能な選択肢を明らかにして，かつそれらの間の好ましさについての順位をつけることができる。②選択可能な選択肢のなかからもっとも順位づけの高いものを選ぶ。

(3) 「現実は複雑」といっているだけでは理解は進まない。現実の一部分を切り取り単純化するために前提（仮定）を明確にして，仮定からどういう結論が得られるのかを理解するモデル分析を行う。

(4) 仮定されることは真実とは限らない。現実と異なる仮想的な状況を設定する思考実験を積み重ねて，現実の理解を深め

(5) 用いられる用語の定義，仮定，そして仮定から結論にいたる論理のあいまいさを取り除き，コミュニケーションの誤解をなくすための工夫として数学を用いる。

(6) 意思決定にトレードオフはつきもの。決めることはあきらめることでもある。

(7) 機会費用を見逃してしまう，サンクコストを考慮してしまう，という意思決定の落とし穴に気をつけよ。

(8) 意思決定は限界分析で考える。平均よりも追加1単位がもたらす限界便益・限界費用が大切。

(9) 戦略的状況では相手の立場にたって考えよ。相手がどのような目的や利害によって行動するのかを理解して，相手の反応や選択を予想せよ。

(10) 戦略的状況は変えられる。先読み，コミットメントを駆使して自分に有利な方向にゲームを変えよ。

(11) リスクを考慮するために金額による評価額（確実同値額）を活用せよ。金額で評価することが難しい決定問題では，効用指標を割り当てて期待効用値を比較せよ。

(12) リスク回避的な人のリスクをリスク中立的な人に移すことで価値が生み出される。

経済学を人間の行動を解明する科学と位置づけて「文法」としての顔を強調するのは，「経済学を勉強する敷居を低くする」ために有効だと思うのですが，逆に，本書は標準的な経済学の授業・教科書とは，やや性格を異にするという特徴も持ち合わせることになります。標準的な授業や教科書は，本書では第4章でさらりとまとめられている，家計，会社，市場などの構成単位の

考察をもっと詳しく行います。たとえば家計による消費,貯蓄,労働供給の決定が,価格や所得の変化,税金の導入などによってどのように変わるか,会社の生産費用はどのように決まるのか,会社はどのような条件で市場に参入したり市場から退出するのか,などが分析されます。また,独占・寡占や外部性,公共財など,本書が詳しく扱っていない市場の失敗の要因に,多くの時間やページが割かれているはずです。

さらに,本書では異なる市場間の依存関係については,まったくふれませんでした。国内外の経済には多数の市場が存在し,同時に機能しています。しかし,特定の市場の分析を詳しく行う際には,単純化のために他の市場の状態を固定することになります。このような分析を,経済学の業界用語では**部分均衡分析** (partial equilibrium analysis) と呼びます。対照的に,さまざまな市場における市場均衡を同時に分析することは**一般均衡分析** (general equilibrium analysis) と呼ばれます。市場は互いに依存関係にあるので,ひとつの市場における変化が,他の市場に波及してそこでの市場均衡を変化させるという効果を生み出します。このような一般均衡分析は複雑になりがちなため,本書では紹介しませんでしたが,とりわけマクロの経済を理解するためには不可欠なものです。

このように,本書は多くの重要な話題を切り捨てているのですが,その代わりに第6~9章では,市場の失敗の要因として主に情報の非対称性に注目して,市場や組織におけるインセンティブを設計する,という問題を詳しく紹介しました。その主な理由は,多くの読者の皆さんにおそらく興味を持ってもらえる話題であるにもかかわらず,標準的な授業や教科書ではあまり詳しく扱われていないためです。

「じゃ本書の次に何を勉強すればいいのよ」という声がそろそろあがると思うので，教科書ガイドに移りたいと思います。あ，その前に，本書を読むだけで経済学との付き合いを終えてしまおうとしている読者の皆さんへ。そのような皆さんには，せめて経済学に対する誤った理解，風評を鵜呑みにしないようにお願いしたいと思います。

包括的なガイドはとてもできませんので，僕が知っている範囲に限定しています。ここで紹介されていない本が薦められない，ということではありません。まず，教科書ではないけど皆さんにぜひ読んでもらいたいのは，ジョン・マクミラン『市場を創る——バザールからネット取引まで』NTT出版，2007年，です。この本は「市場」をうまく機能するように「創る」（ある場合にはボトムアップな自然発生を通して，別の場合にはトップダウンによる設計によって）ことの重要性を，極端な市場主義にも反市場主義にも陥らないバランスのよい見地から，最新の経済理論の成果を背景にして，しかし数式等一切用いずに豊富な例でわかりやすく説明した素晴らしい本です。

ミクロ経済学の入門レベルの教科書は多数出版されていますが，まず，米国の大学で使われている教科書を翻訳したものがあります。以下の3冊が代表的なものでしょう（余談ですが以下の翻訳書は全部同じ出版社から出ています。なぜこのような出版戦略をとるのか考えてみましょう）。N・グレゴリー・マンキュー『マンキュー経済学Ⅰ ミクロ編（第3版）』東洋経済新報社，2013年。ジョセフ・E・スティグリッツ／カール・E・ウォルシュ『スティグリッツ ミクロ経済学（第4版）』東洋経済新報社，2013年。ポール・クルーグマン／ロビン・ウェルス『クルーグマン ミクロ経済学』東洋経済新報社，2007年。いずれも分厚いですが，

数式の利用を抑え，多色刷りで図表を駆使した本です。また，囲み記事などで多くの事例を紹介しています。日本産の教科書と比べて盛りだくさんの内容ですが，この種の教科書に対しては，記述が冗長だというたぐいの不満を持つ読者もいるようです。

逆に日本産の教科書は比較的コンパクトにまとまっているものが多いですね。数式の利用を抑えた入門レベルでは，伊藤元重『ミクロ経済学（第2版）』日本評論社，2003年，を授業の教科書に指定したことが何度かあります。同様に数式をあまり使わない入門書のうち，独特な2冊を紹介しましょう。神戸伸輔・寳多康弘・濱田弘潤『ミクロ経済学をつかむ』有斐閣，2006年，は，ゲーム理論，市場の失敗，不確実性，情報，インセンティブ設計といった今日の経済学者が「書きたくなる」トピックは切り捨てて，消費者の決定，会社の決定，需要と供給，市場均衡など，完全競争市場と価格の役割（本書では第4章の内容）の詳しい説明に特化した「潔い」教科書です。彼らの教科書と見事に対照的なのが，柳川隆・町野和夫・吉野一郎『ミクロ経済学・入門——ビジネスと政策を読みとく』有斐閣（有斐閣アルマ），2008年，で，完全競争市場の分析を全体の3分の1程度に抑える代わりに，本書の第2, 3, 5〜9章の内容や政府によるさまざまな政策の分析や事例に多くのページを割いた教科書です。

第1章でも説明したように，経済学では議論に誤解が生じないようにするために，数学をコミュニケーションの手段として用います。数学を用いた中級の教科書としては，バランスのとれた，奥野正寛編著『ミクロ経済学』東京大学出版会，2008年，結論の前提となる定義や仮定を「くどく」明らかにすることに力を入れた，独特な，林貴志『ミクロ経済学（増補版）』ミネルヴァ書房，2013年，英書として，Hal R. Varian, *Intermediate Mi-*

croeconomics: A Modern Approach, 9th Edition, W.W.Norton, 2014, を挙げておきます。最後の教科書は，古い版の演習問題と数学補論を削除した翻訳書が出版されていますが，頻繁に改訂されている優れた教科書なので，ぜひ原書にチャレンジしてください。

● オマケ

以下，本書の各章ごとに引用元や参考文献を紹介していきましょう。ただし，本書の性格上，参照した文献や記事をすべて掲げているわけではありません。また，一部の古典的業績を除いて，原典よりもむしろ解説論文を紹介するようにしています。

第1章 経済学を知っていますか？

猪木武徳氏のインタビュー記事は，「連続インタビュー　経済学は人を幸せにする方法を教えられますか？」『経済セミナー』2008年2・3月号，6-9頁，です。経済学を勉強してみようとする多くの人に読んでほしい内容です。

三枝匡氏が座学の大切さを説いているのは，「"経営者人材"育成論」『ダイヤモンド・ハーバード・ビジネス・レビュー』2007年1月号，44-55頁，です。

日本を代表する経営戦略論の研究者のコトバは，伊丹敬之『経営戦略の論理（第3版）』日本経済新聞社，2003年，の「はしがき」にあります。

冨山和彦氏の著書で，「人はインセンティブと性格の奴隷である」というタイトルの章があるのは，『会社は頭から腐る――あなたの会社のよりよい未来のために「再生の修羅場からの提言」』ダイヤモンド社，2007年，です。

ローレンス・サマーズ氏の記事「日本経済復活のカギは『勉強する』ことにあり」は,『日経ビジネス』2002年5月20日号,1頁,にあります。

第2章 「スマート」に決める原則

「日本企業はトレードオフを苦手としている」と指摘しているのは,マイケル・E・ポーター／竹内弘高／榊原磨理子『日本の競争戦略』ダイヤモンド社,2000年（249-252頁）,です。

二律背反に挑む東芝の西田厚聰社長（当時）の記事は,『日経ビジネス』2007年10月1日号,62頁,です。

この章（および第4章）の限界分析の記述は,「わかりやすさ」を最優先して実はかなり怪しい書き方をしています。何が怪しいのかについて知りたい読者は,上記で紹介した中級の教科書,林貴志『ミクロ経済学』の第6章にチャレンジしてください。

第3章 駆け引きのなかで決める原則

ゲーム理論の入門書も多数出版されています。まず本書と同様に文章中心の入門書を2冊挙げましょう。梶井厚志『戦略的思考の技術――ゲーム理論を実践する』中央公論新社（中公新書）,2002年,アビナッシュ・ディキシット／バリー・ネイルバフ『戦略的思考をどう実践するか――エール大学式「ゲーム理論」の活用法』阪急コミュニケーションズ,2010年。また,天谷研一『図解で学ぶ ゲーム理論入門』日本能率協会マネジメントセンター,2011年,は図解中心の入門書です。

もう少し詳しくゲーム理論を説明した教科書には,武藤滋夫『ゲーム理論入門』日本経済新聞社（日経文庫）,2001年,岡田章『ゲーム理論・入門――人間社会の理解のために』有斐閣（有斐

閣アルマ），2008年，渡辺隆裕『ゼミナール ゲーム理論入門』日本経済新聞出版社，2008年，などがあります。

「松本ルール」「松本走り」が原因で2007年2月3日に発生した事故については，『JAF Mate』2008年4月号，36-37頁，の記事にもとづいています。

ベルトラン競争やクールノー競争は，ミクロ経済学の教科書で紹介されていることが多いです。不完全競争や寡占といったタイトルの章・節を探してください。

「引退後のことまで考えて今日という日を生きろ」という，野村克也元監督のコトバの出典は，野村克也「敗軍の将，兵を語る：監督業28年，さらば楽天」『日経ビジネス』2009年12月7日号，118頁，です。ちなみにジョン・レノンの名曲「How？」も，先を見越して今行動することの大切さを示唆しています。残念ながら訳詞の掲載は難しそうだったので見送りました。

課長が休暇を取ったらかえって部署の業績が向上した，というのはオムロンという会社のお話で，『日経ビジネス』2004年1月19日号，1頁，に記事があります。

第4章　多数の意図が交差する場所

2002年にノーベル経済学賞を受賞したヴァーノン・スミスの実験は，Vernon L. Smith, "An Experimental Study of Competitive Market Behavior," *Journal of Political Economy*, vol. 70, April, 1962, pp. 111-137，で報告されています。

エリノア・オストロムとオリバー・ウィリアムソンの受賞理由については，『週刊エコノミスト』2009年11月24日号，34-35頁，に簡単な紹介記事を書きました。元原稿を次のリンク先，https://sites.google.com/site/hideshiitoh/jp/pub-j/nobel2009

で読めます。

ノーベル経済学賞の各年の受賞者と受賞理由について知りたければ，ノーベル財団のウェブサイトに行きましょう。受賞者のリストへのリンクは，
http://www.nobelprize.org/nobel_prizes/economic-sciences/laureates/ です。

第5章　現実世界は霧のなか!?

日本レストランシステムの記事の典拠は，『日経ビジネス』2007年2月5日号，48-59頁，です。

第6章　サボリの誘惑に打ち勝つ

第6，7章のテーマについては，ゲーム理論の入門書でもある次の2冊の入門書があります。ジョン・マクミラン『経営戦略のゲーム理論――交渉・契約・入札の戦略分析』有斐閣，1995年，神戸伸輔『入門 ゲーム理論と情報の経済学』日本評論社，2004年。前者は本文は文章だけですが，付録では簡単な数学（算数）モデルによる分析も行っており，オークション（本書第8章）や組織デザイン（本書第9章）のイントロダクションにもなっています。また，中国人民公社体制下のモラルハザードについても解説があります。

冨山和彦氏の著書からの引用の出典は，第1章のところを参照してください。

ビートルズの業績連動報酬は，ジョージ・マーティン『耳こそはすべて――ビートルズ・サウンドを創った男』河出書房新社（河出文庫），1992年，にふれられています。

棒高跳び選手のブブカが，世界記録を破るごとにボーナスとし

て現金を支給されていたことは，ティム・ハーフォード『人は意外に合理的——新しい経済学で日常生活を読み解く』ランダムハウス講談社，2008年，158頁，に記述があります。この本も経済学のおもしろさを伝えてくれる入門書で，現代の経済学の教育をきちんと受けた，雑誌のコラムニスト・エコノミストによって書かれています。

第7章 真実を引き出す

この章で紹介した3人の2001年ノーベル経済学賞受賞者（アカロフ，スペンス，スティグリッツ）の業績については，上記第4章のところで紹介したノーベル財団のウェブサイトで調べてください。

米国の情報機関が，イラクに大量破壊兵器が存在するという誤った認識に到達してしまった理由の分析は，Luis Garicano and Richard A. Posner, "Intelligence Failures: An Organizational Economics Perspective," *Journal of Economic Perspectives*, vol. 19, no. 4, Fall, 2005, pp. 151-170, にもとづいています。

合理的群衆行動のわかりやすい解説論文としては，Sushil Bikhchandani, David Hirshleifer and Ivo Welch, "Learning from the Behavior of Others: Conformity, Fads, and Informational Cascades," *Journal of Economic Perspectives*, vol. 12, no. 3, Summer, 1998, pp. 151-170, を薦めます。

松坂大輔氏の代理人を務めたスコット・ボラス氏の交渉戦略についての記事は，『GQ Japan』No. 54, 2007年11月号，にあります。

「Must Sell」のような一見不利なシグナルを発する理由の分析

は，Luís Cabral and József Sákovics, "Must Sell," *Journal of Economics and Management Strategy*, vol. 4, no. 1, Spring, 1995, pp. 55-68, にもとづいています。

ある法律事務所がサンシャイン60に事務所を設置していることを明記しているウェブ上のページは，

http://www.adire.jp/adire/ikebukuro/

です。

セーフライト社の報酬制度変更の効果を分析した論文は，Edward P. Lazear, "Performance Pay and Productivity," *American Economic Review*, vol. 90, no. 5, December, 2000, pp. 1346-1361, です。

第8章　見えざる手は創れるか？

アルビン・E・ロス「マーケット・デザインの経済学」『ダイヤモンド・ハーバード・ビジネス・レビュー』2008年4月号，24-35頁，は，マーケット・デザインの第一人者による紹介記事です。また，日本経済新聞「やさしい経済学」に2009年8月6日より連載された，小島武仁「『ゲーム理論』とマーケットデザイン」の内容が，以下のページにあります。

（前半）http://www.vcasi.org/node/515

（後半）http://www.vcasi.org/node/519

英国における，19世紀末以降の切手のオークションの雑誌記事は，David Lucking-Reiley, "Vickrey Auctions in Practice: From Nineteenth-Century Philately to Twenty-First-Century E-Commerce," *Journal of Economic Perspectives*, vol. 14, no. 3, Summer, 2000, pp. 183-192 (p. 187), に紹介されています。

2011年の東京マラソンにおける定員からの追加募集の経緯に

ついては，東京マラソン 2011 のウェブサイト
http://www.tokyo42195.org/2011/index.html
を参照しました（現在は削除されています）。

　ヴィックレーが画期的なオークション研究を行った古典的論文は，William Vickrey, "Counterspeculation, Auctions, and Competitive Sealed Tenders," *Journal of Finance*, vol. 16, 1961, pp. 8-37, です。ノーベル財団のウェブサイトも参照してください。

　ファーストリテイリングが大学 1 年生時点での採用を考えているというのは，柳井正会長兼社長が朝日新聞のインタビューで語ったことで，2011 年 11 月 19 日付の『朝日新聞』に掲載されています。

　受入保留 (deferred acceptance, DA) 方式を提案したゲールとシャプレーの古典的論文は，David Gale and Lloyd Shapley, "College Admissions and the Stability of Marriage," *American Mathematical Monthly*, vol. 69, 1962, pp. 9-15, です。

　早稲田大学高等学院から早稲田大学の各学部・学科・専修への進学者決定のアルゴリズムが，DA 方式にもとづいていたことについては，佐々木宏夫「マッチング問題とその応用――大学入学者選抜の事例研究（ゲーム理論と離散数学の出会い）」2004 年 3 月 16 日，シンポジウム，社団法人日本オペレーションズ・リサーチ学会，no. 51, 25-43 頁，が詳しく分析しています。

　学校選択制の設計についての理論と事例については，安田洋祐編著『学校選択制のデザイン――ゲーム理論アプローチ』NTT 出版，2010 年，を参照してください。

第9章 思惑の衝突を超えて

組織の経済学についての基本文献は，ポール・ミルグロム／ジョン・ロバーツ『組織の経済学』NTT出版，1997年，です。原著出版は1992年と少し古いですが，これを上回る教科書はまだありません。

ジョン・ロバーツ『現代企業の組織デザイン――戦略経営の経済学』NTT出版，2005年，は，上記教科書の著者のひとりが執筆したビジネス書です。英国『エコノミスト』誌の2004年ベストビジネス書に選ばれたもので，日本企業をはじめ多くの「現代の企業」の事例に満ちた本ですが，内容は組織デザイン問題を考えるための基礎となる，組織の経済学の先端理論です。若干の図やグラフ以外は平易な文章で書かれており，本書自体には数式は一切出てきません。しかしその記述の裏には，著者自身のオリジナルな研究成果をはじめとした膨大な学術成果があり，凡庸なビジネス書のような単純でわかりやすい内容ではありません。

中林真幸／石黒真吾編『比較制度分析・入門』有斐閣，2010年，の第2章で，僕が組織の経済学の分野を簡単に紹介しています。

日本の「優秀企業」の共通の特質のひとつとして「危機をもって企業のチャンスに転化すること」を指摘しているのは，新原浩朗『日本の優秀企業研究：企業経営の原点――6つの条件』日本経済新聞社（日経ビジネス人文庫），2006年，です。著者は，抽出された優秀企業の共通要因が理論によってどのように裏づけられるかを「補論」で展開しており，さらにそこで紹介されている理論の多くは「組織の経済学」の成果です。

「イエスマン」の分析は，Canice Prendergast, "A Theory of 'Yes Men'," *American Economic Review*, vol. 83, no. 4, September, 1993, pp. 757-770, にもとづいています。

中間管理職のジレンマについては，伊藤秀史・森谷文利「中間管理職の経済理論——モニタリング機能，情報伝達機能とミドルのジレンマ」『日本労働研究雑誌』第 592 号，2009 年，47-59 頁，を参照してください。

● あとがき

最後に，本書の生い立ちについて少し書きたいのでお付き合いください。本書が誕生することになった主なきっかけは3つあります。第1に，2004 年に学内誌の「学問への招待」という特集のために，「商学部生への経済学のススメ」というエッセイを書いたことです。その内容の多くは本書にも反映されています。幸いなことに，このエッセイがきっかけとなって，経済学を勉強したり僕のゼミナールに参加することになった学生が多数いたようです。また，他の大学の授業や新入生オリエンテーションの参考文献として紹介していただいたこともありました。

第2に，これまで僕が執筆した一般向けの文章をまとめて入門書を出版するという企画のお話をいただいたことです。2005 年頃のことです。研究中心で一般向けの執筆は少なかったのですが，まとめるとそれなりの分量にはなります。ありがたいお話でしたが，正直あまり気が進まないまま時間が過ぎていきました。

そうこうしているうちに所属する商学部の授業カリキュラムの改革があって，2007 年度から主に商学部生のために経済学の入門講義を担当することになりました。これが最後のきっかけです。学部が提供する経済学の授業は他にはほとんどなく，カリキュラム全体のなかでの経済学の位置づけも明確になっていませ

ん。僕のゼミナールでさえ,「商学部生なのに経済学,ゲーム理論」という意識の学生がいたりします。興味を持って勉強する学生がいても,「理論としておもしろくても所詮現実は別」というふうに,学習したことと「現実」とを区別して考える傾向があります。そこで,履修学生のモチベーションを高めたり,理論と現実を結びつけてもらったりすることを目的とした「小話」を少しずつ蓄えていくことにしました。

以上をきっかけとして,2009年から平均月1回のペースで担当者の方に研究室に来ていただき,3時間ほど執筆に集中するという「コミットメント」戦略(第3章11節〔71頁〕参照)を繰り返して,ようやく本書は完成にいたりました。その担当者であり,企画のお話にはじまり,100時間以上の「コミットメント」戦略にお付き合いいただいた有斐閣の尾崎大輔さんは,実質的に本書の共同執筆者といってもいいほど多くの貢献をしてくださいました。心より感謝いたします。もちろん,残っているであろう間違いに対する責任は僕にあります。

2012年1月

伊藤 秀史

索　引

◆あ　行

アカロフ（George A. Akerlof）　151, 159
アドバース・セレクション　→逆淘汰
安定性　**198**
イエスマン　215, 216
一般均衡分析　**232**
意図の不確実性　→戦略的不確実性
インセンティブ　**17**, **130**, 132, 134
インフルエンス活動　**225**
ヴィックレー（William Vickrey）　192
ウィリアムソン（Oliver E. Williamson）　103, 104, 223, 224
受入保留（DA）方式　**200**
エージェンシー関係　**133**
エージェント　**133**, 220
オークション　102, 170, **173**
　一位価格（封印）――　**179**, 186-189
　公開――　178
　公開競り上げ――　183, 189
　公開競り下げ――　187-189
　全員支払い――　**191**
　競り上げ――　178
　競り下げ――　178
　二位価格（封印）――　**180**, 181-184, 189
　封印――　178
オストロム（Elinor Ostrom）　103

◆か　行

外発的動機づけ　143
外部性　**101**
価格競争ゲーム　61
価格差別
　一次（完全）――　**88**
　二次――　**89**
　三次（グループ）――　**88**
隠された行動　**132**, 148
隠された知識　145, **149**, 151
確実同値額　**114**
確信ゲーム　**55**
学　歴　164
寡占市場　100
家族責任制　128
課徴金減免制度　63
学校選択制　203, 204
可変費用　**85**
カルテル　63
関　数　**77**
機会費用　**30**
企業統治　133
企業の境界　**223**
期待金額値　110, 112
期待効用値　**120**
期待値　**109**
ギッフェン財　**81**
逆淘汰　**149**, 150
業界標準　53
業績連動報酬　133, 139, 145, 168
共通価値　**185**

共有資源　**102**
均衡市場価格　**94**, 172
クールノー（Antoine A. Cournot）　66
クールノー競争　**66**
経験財　**91**
経済ガバナンス　**103**, 173
ゲーム理論　**46**
ゲール（David Gale）　200
限界効果　**36**
限界収入　**39**
限界費用　**37**
限界便益　**37**, 115
権限委譲　211, 214
　　非公式な――　219
権限関係　210
交　渉　59
厚生経済学の基本定理　**100**
効用指標　117
効率的　**99**, 172
合理的　**11**, **22**, 230
合理的群衆行動　**154**, 213
コース（Ronald Coase）　223, 224
コストプラス　123, 129, 139
コストリーダーシップ　65
護送船団方式　126, 130
コーディネーション・ゲーム　**50**, 216
固定費用　**39**, **85**
個別需要関数　77
コーポレート・ガバナンス　→企業統治
コミットメント　**71**
コントロールの喪失　**212**, 214

　　◆さ　行
財　**76**

最終消費者　**76**
先読み　67
サーチ　194
サブプライムローン　150
差別化　65
サンクコスト　**32**
シェリング（Thomas C. Schelling）　71
シグナリング　**160**, 164, 166
市　場　**76**, 172
市場供給関数　**92**
市場均衡　**94**, 98, 172
市場支配力　100
市場需要関数　77, **80**, 94
市場の失敗　**100**, 222
自然の不確実性　45, 107
私的価値　**185**
シャプレー（Lloyd S. Shapley）　200
集権化　211, 214, 219
囚人のジレンマ　**60**
収入等価定理　**190**
主観確率　**107**
需要関数　**76**
少数決ゲーム　68
情　報　**106**
情報の非対称性　**132**
腎臓交換市場　203, 204
新卒一括採用　193
浸透価格戦略　**91**
人民公社体制　128
診療報酬制度　129, 138
推移性　**23**
スクリーニング　**90**, 167
スティグリッツ（Joseph E. Stiglitz）　159
ストック・オプション　138
スペンス（A. Michael Spence）

159, 160, 164
スミス（Vernon L. Smith） 98
成果主義 133
全米研修医マッチング・プログラム
　　　（NRMP） 197, 202
戦略的状況 46
戦略的不確実性 45, 106
総費用 85
総余剰 **98**
組織の失敗 223

◆た　行

多角化 110
談　合 63
男女の争い **53**
チキン・ゲーム **57**
チープトーク **160**
中間管理職のジレンマ 220
積み上げ型給与 122, 146
ディシプリン 9
独　占 **83**
独占企業 **83**
独占市場 100
取り付け騒ぎ 56
取引費用 **224**, 226
トレードオフ **27**, 29, 86, 140

◆な　行

内発的動機づけ 143
ナッシュ（John F. Nash, Jr.）
　　　50
ナッシュ均衡 **49**
ネットワーク外部性 101
年俸制 122, 146

◆は　行

非金銭的インセンティブ 145
不完備契約 **224**, 227
部分均衡分析 **232**

ブラックボックス 6, 209
フランチャイズ契約 133
プリンシパル **133**, 221
プレーヤー 48
分権化 211, 214, 219
ベイズ・アプローチ 108
ベルトラン（Joseph L. F.
　　　Bertrand） 62
ベルトラン競争 **62**
保険契約 108, 110
ポスティングシステム 156, 174
ボトルネック 56

◆ま　行

埋没費用　→サンクコスト
マーケット・デザイン **173**
マージン **85**
マッチング **173**, 193
マルチタスク問題 **142**
無差別 **23**, 119
モデル分析 12, 230
モニタリング 135, 221
モラルハザード **126**, 127, 130

◆ら　行

リコースローン 128
利潤（経済学上の） 63
リスク **106**
　──愛好的 **114**
　──回避的 **114**
　──中立的 **114**, 120
　──分担 122, 139
リーダーシップ 165
留保価格 **78**, 115, 176
レモン市場 151, 159
ロス（Alvin Roth） 198, 202,
　　　204
ロックイン **84**, 101

◆著者紹介

伊藤 秀史（いとう・ひでし）
ホームページ：https://sites.google.com/site/hideshiitoh/

1982年 一橋大学商学部卒業
1988年 スタンフォード大学ビジネス・スクール博士課程修了（Ph.D.）
京都大学経済学部助教授，大阪大学社会経済研究所助教授，一橋大学大学院商学研究科教授を経て，2017年より現職。この間，カリフォルニア大学サンディエゴ校，スタンフォード大学，コロンビア大学等で客員教員を務める。
現　在　早稲田大学大学院経営管理研究科教授
専　攻　組織の経済学，契約理論
主要著作
『日本企業 変革期の選択』（編著）東洋経済新報社，2002年。
『契約の経済理論』有斐閣，2003年。
『インセンティブ設計の経済学――契約理論の応用分析』（共編）勁草書房，2003年。
『組織の経済学』（共著）有斐閣，2019年。

ひたすら読むエコノミクス
Read My Economics 1st

2012年4月10日　初版第1刷発行
2020年5月25日　初版第5刷発行

著　者　伊　藤　秀　史
発行者　江　草　貞　治
発行所　株式会社　有　斐　閣
　　　　郵便番号　101-0051
　　　　東京都千代田区神田神保町2-17
　　　　電話　（03）3264-1315〔編集〕
　　　　　　　（03）3265-6811〔営業〕
　　　　http://www.yuhikaku.co.jp/

印刷・大日本法令印刷株式会社／製本・大口製本印刷株式会社
©2012, Hideshi Itoh. Printed in Japan
落丁・乱丁本はお取替えいたします。
★定価はカバーに表示してあります。
ISBN 978-4-641-16397-3

JCOPY　本書の無断複写（コピー）は，著作権法上での例外を除き，禁じられています。複写される場合は，そのつど事前に（一社）出版者著作権管理機構（電話03-5244-5088, FAX03-5244-5089, e-mail:info@jcopy.or.jp）の許諾を得てください。